これで安心!
税務調査

消費税調査の
手続と対応

法人編

税理士 加地宏行
税理士 吉村政勝 共著

清文社

は じ め に

　近年の納税者の権利意識の高まりに呼応するように、平成13年の税理士法改正による税理士補佐人制度の創設にはじまり、平成16年の行政事件訴訟法改正、平成25年の国税通則法の改正など、国民の権利利益の救済制度が整備されてきました。

　しかしながら、納税者としては、正確な帳簿を作成し、それに基づいて正しく申告したと自負していても、「税務調査」を受けるとなると、少なからず精神的な負担を感じるのではないでしょうか。

　「社会保障と税の一体改革」により消費税率の引上げが行われ、消費税に対する国民の関心も一段と高まってきていますが、事業者にとっても関心事の一つで、とりわけ消費税に関する税務調査はこれまでにもあまり経験したことのないもので、その対応方法等に不安をお持ちの事業者も多いのではないでしょうか。

　記帳や税務処理を細部にわたってチェックすることは、取引規模が大きくなればなるほど難しくなってきますが、ただ単に「税務調査対策」というだけでなく、的確な経営分析や内部牽制等を行う上においても重要なことであり、税務調査を受ける時だけでなく、折に触れて記帳状況や税務処理方法等をチェックしておく必要があります。

　そこで本書では、事業者の皆さんの不安を解消するとともに、財務・経営管理のチェックをしていただくために、筆者の拙い知識と経験からではありますが、消費税に関する税務調査を受ける上において必要な知識や留意点、チェックポイント等について解説することにしました。

　第一章、第二章では、税務調査の基本的事項や国税組織の概要、税務署の方針である「事務実施要領」等について触れ、第三章から第七章では、税務調査のポイントや対策等について、第八章以降では、勘定科目や事例ごとに留意点やチェックポイント等を詳しく解説しました。

本書を参考にしていただき、日々の記帳状況や財務処理について、税務署目線で見ることにより的確な管理を行うとともに、税務調査の際のスムーズな対応を行っていただくなど、事業の健全な発展に役立てていただければと思っております。

　最後になりましたが、本書の執筆にあたっては、加地先生はじめ加地宏行税理士事務所の皆さん、清文社編集部の多田佳永氏には大変ご尽力いただきました。この場をお借りして御礼申し上げます。

　平成26年12月

税理士
吉　村　政　勝

目次

消費税調査の手続と対応

第1章 税務調査の基本

I 国税組織の概要

1. 管轄する税務署はどう区分されているのか ……………2
2. 国税庁の使命とは ……………………………………………3
3. 事務実施要領とは ……………………………………………10
4. 法人税・法人消費税の調査事績の概要 ………………20

II 税務調査の流れとあらまし（法人の場合）

1. 税務調査とは ……………………………………………………23
2. 税理士との事前の打合せは十分に！ ……………………25
3. 税務調査と税理士の仕事 ……………………………………26
4. 税務調査を前向きに考える …………………………………27
5. 税務調査に強い税理士とは …………………………………27

III 税務調査の開始

1. 税務調査には強制力があるのか …………………………29
2. 調査はいつ行われるのか ……………………………………30
3. どのような会社が調査対象となるのか ……………………32
4. 調査資料とはどのようなものなのか ………………………34

第2章 税務調査の基礎知識

- **1** 同時調査とは …………………………… 40
- **2** 強制調査と任意調査 …………………… 41
- **3** 税務調査の受忍義務 …………………… 43
- **4** 税務調査の時期 ………………………… 43
- **5** 税務調査の調査項目 …………………… 44
- **6** 査察とは ………………………………… 45
- **7** 無予告調査とは ………………………… 46
- **8** 事前通知を要しない場合 ……………… 46
- **9** 反面調査とは …………………………… 57
- **10** 銀行調査とは …………………………… 57
- **11** 税務調査のリハーサル ………………… 58

第3章 税務調査のポイントと対策

- **1** 売上げについて ………………………… 60
- **2** 経営者との金銭貸借 …………………… 61
- **3** 経営者の親族の給与 …………………… 62
- **4** 在庫・棚卸資産 ………………………… 62
- **5** 接待交際費 ……………………………… 63
- **6** 役員給与・役員退職金 ………………… 64

- **7** ▶ 使途不明金 …………………………………… 65

第4章 税務署が見てくる法人税調査のポイント

- **1** ▶ 売掛金、支払伝票、帳簿類、それらに関係する証拠資料 …………………………………… 68
- **2** ▶ 仕訳伝票、帳簿類、それらに関係する証拠資料 … 70
- **3** ▶ 決算書 …………………………………………… 72
- **4** ▶ お金の出入り …………………………………… 73

第5章 消費税の税務調査の注意点

- **1** ▶ 消費税の税務調査とは ………………………… 76
- **2** ▶ 仕入れた際に消費税を払っていない場合の仕入税額控除 …………………………………… 79
- **3** ▶ 海外旅費の消費税の取扱いにも注意をしよう！… 81

第6章 消費税の税務調査への対応

- **1** ▶ 税務調査への対応 ……………………………… 86
- **2** ▶ 事前通知 ………………………………………… 86
- **3** ▶ 調査当日までの準備 …………………………… 88

- **4** ▶ 調査当日の対応 ……………………………… 92
- **5** ▶ 指摘事項への対応 ……………………………… 95

第7章 調査終了時の手続き

- **1** ▶ 非違事項がない場合 ………………………… 98
- **2** ▶ 非違事項がある場合 ………………………… 98
  - ① 修正申告を勧められた場合 ……………… 98
  - ② 更正処分を受けた場合 …………………… 99
  - ③ 税務代理人への通知 ……………………… 99
  - ④ 不服申立てをする場合 …………………… 99
  - ⑤ 税務訴訟を起こす場合 …………………… 102
  - ⑥ 再調査 ……………………………………… 103
- **3** ▶ 理由附記 ……………………………………… 105
- **4** ▶ 更正の請求期間の延長 ……………………… 105

第8章 消費税の税務調査のポイント

- **1** ▶ 課税売上げの調査ポイント ………………… 112
- **2** ▶ 非課税項目・不課税項目の計上時期 ……… 113
- **3** ▶ 課税仕入れの調査ポイント ………………… 114
- **4** ▶ 簡易課税制度の調査ポイント ……………… 115

- **5** ▶ 届出事項のチェック ……………………………116
- **6** ▶ 帳簿及び請求書等の保存義務のポイント………118

第9章 消費税の個別調査のポイント

- **1** ▶ 業種に共通する固有の非違事項……………………122
- **2** ▶ 給与と外注費の区分 ………………………………123
- **3** ▶ 出向に伴う給与負担金 ……………………………128
- **4** ▶ 材料の有償支給 ……………………………………132
- **5** ▶ 土地取引を中心とした個別対応方式の算定方法 ……………………………………………134
- **6** ▶ 交際費等に係る控除対象外消費税額等の取扱い …………………………………………………136

第10章 消費税のアラカルト

- **1** ▶ 消費税が10％になれば税務調査の内容も変わる？ ……………………………………………140
- **2** ▶ 今後は帳簿と請求書等の書類の整備が重要になる？ …………………………………………140
- **3** ▶ 95％ルール改正の影響と今後の問題点 ………141
- **4** ▶ 消費税95％ルール改正への実務対応 …………149

- **5** 消費税率の引上げと総額表示義務 …………151
- **6** 交際費等の損金不算入額を算出する場合における消費税等の取扱い …………155
- **7** 届出書の提出義務にはどのようなものがあるか …………157
- **8** 承認を受けなければならないのは、どのような場合か …………160
- **9** 平成22年度税制改正による改正事項 …………161
- **10** 国、地方公共団体、公共・公益法人等の消費税Q&A …………168
- **11** その他の留意事項 …………179

附録

附録Ⅰ	「納税環境整備に関する国税通則法等の改正」について（平成24年9月）…………184
附録Ⅱ	国税通則法第7章の2（国税の調査）関係通達の制定について（法令解釈通達）…………187
附録Ⅲ	税務調査の際の納税者および関与税理士に対する事前通知について …………212
附録Ⅳ	調査手続の実施に当たっての基本的な考え方等について（事務運営指針）…………215

附録Ⅴ	税務調査手続等の先行的取組の実施について （平成24年9月） ……………………………225
附録Ⅵ	税務調査手続に関するFAQ（一般納税者向け）……228
附録Ⅶ	税務調査手続に関するFAQ（税理士向け） ………246
附録Ⅷ	税務調査手続等に関するFAQ（職員用） …………255
附録Ⅸ	個人事業税の「請負業」について …………………260
附録Ⅹ	大工、左官、とび職等の受ける報酬に係る所得税の 取扱いに関する留意点について …………………264

主な凡例

通法……国税通則法
通令……国税通則法施行令
通規……国税通則法施行規則
措法……租税特別措置法
措令……租税特別措置法施行令
消法……消費税法
消令……消費税法施行令
手続通達……国税通則法第7章の2（国税の調査）関係通達
消基通……消費税法基本通達
法基通……法人税基本通達
所基通……所得税基本通達
措（法）通……租税特別措置法通達（法人）
平23年6月改正法附則……現下の厳しい経済状況及び雇用情勢に対応して税制の整備を図るための所得税法等の一部を改正する法律附則
平23年12月改正法附則………経済社会の構造の変化に対応した税制の構築を図るための所得税法等の一部を改正する法律附則
平25改正法附則……平成25年所得税法等の一部を改正する法律附則
平26改正法附則……平成26年所得税法等の一部を改正する法律附則

（注） 本書の内容は、平成26年11月1日現在の法令通達等に基づいています。

税務調査の基本

第**1**章

Ⅰ 国税組織の概要

1 管轄する税務署はどう区分されているのか

　管轄する税務署は、法人の資本金の額によって決められています。

　基本的には資本金1億円以上の法人は国税局、1億円未満の法人は税務署の管轄となります。しかし、税務調査の内容は税務署も国税局も基本的には変わりませんから、本書において税務署を、国税局と読み替えていただいて結構です。

　ところが、資本金が1億円以上であっても、国税局の管轄でない会社があります。国税局が調査するに及ばずと判断した会社です。資本金は1億円以上だが、従業員が1人2人しかいない、関連企業との関係などで資本金が1億円以上になってしまった──このような会社は、国税局の管轄から税務署の管轄になる場合があります。

《参考図》

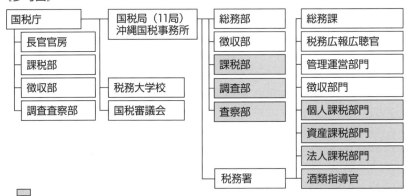

※ 網掛け表示は、調査担当者が配置されている部署を表わす。
※ 税務署の規模によって置かれている部門の種類や数が異なります。

2 国税庁の使命とは

(1) 適正・公平な税務行政の推進

① 職員をバランスよく配置し、不正な税逃れには厳正な調査を実施

国税庁は、適正かつ公平な課税を実現するため、限られた人員等をバランスよく配分し、大口・悪質な納税者に対しては組織力を最大限に活かした的確な調査を行う一方で、簡単な誤りの是正などは簡易な接触を組み合わせて行うなど、効果的・効率的な事務運営を心掛けています。

特に不正に税金の負担を逃れようとする納税者に対しては、様々な角度から情報の分析を行い、調査対象を選定し、厳正な調査を実施することとしています。

●税務調査等の件数 (単位：千件)

	平成22事務年度	平成23事務年度	平成24事務年度
調査の件数	283	289	199
簡易な接触の件数	710	724	670

※「簡易な接触」とは、電話又は納税者の来署を求めて申告の是正を行うことをいいます。

年間約87万件の税務調査等を実施

② システムを活用した調査選定、資料情報の効率的な収集体制を整備

具体的には、KSKシステムを活用して、データベースに蓄積された所得税や法人税の申告内容や各種資料情報などを基に、業種・業態・事業規模といった観点から分析して、調査対象を選定しています。なお、資料情報については、適正・公平な課税を実現するために必要不可欠なものであることから、活用効果の高い資料情報を効率的に収集するための体制を整備しています。

(注) KSK（国税総合管理）システムとは、全国の国税局及び税務署をネットワークで結び、納税者の申告データ及び申告状況に関する情報を一元的に管理するコンピューターシステムのことです。各種税務データの分析を行うことで税務調査に活用されるほか、滞納の新規発生事案を対象とする納税コールセンターでの電話催告ではKSKのデータをもとに電話がかかる仕組みとなっています。納税者には納税証明書の発行や質問・照会の回答が迅速に行われるメリットがあります。

③ 調査1件当たりの申告漏れ所得は申告所得税で839万円、法人税で1,071万円

　税務調査は、納税者の申告内容を帳簿などで確認し、申告内容に誤りがあれば是正を求めるものです。特に悪質な納税者に対する税務調査には日数を十分かけるなど重点的に取り組んでいます。

　実地調査で把握した1件当たりの申告漏れ所得金額は、平成24事務年度においては、申告所得税は839万円[※1]、法人税は1,071万円となっています。

(※1)　実地調査のうち、特別・一般調査に係る金額です。

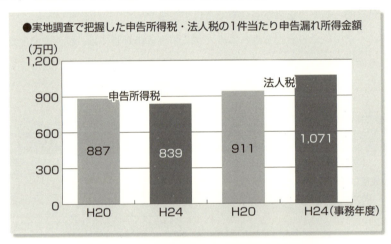

効果的な調査のための施策を積極的に推進

(2) 調査において重点的に取り組んでいる事項

① 資産運用の多様化・国際化を念頭に置いた調査を実施

　高額な所得が見込まれるが申告額が過少であったり、そもそも申告を行っていない者などについては、資産運用の多様化・国際化も念頭に置いた上で調査等に取り組んでいます。

② 海外資産等の申告除外を把握した事例

　・租税条約に基づく情報交換制度で海外の税務当局から提供された資料によ

り、海外の金融機関に保有する金融商品から運用益を得ているにも関わらず、申告していなかった事実を把握した。
・国外送金等調書により、国外不動産の譲渡事実のほか、その譲渡代金を相続税の申告から除外していた事実を把握した。

③ 十分な審査と調査等により、消費税の不正還付申告を防止

消費税は、主要な税目の一つであり、預り金的性格を有するため、国民の関心が極めて高く、一層の適正な執行が求められています。特に、消費税について虚偽の申告により不正に還付金を得ようとするケースも見受けられるため、還付の原因となる事実関係について十分な審査を行うとともに、還付原因が不明な場合には、調査等により接触し、不正還付防止に努めています。

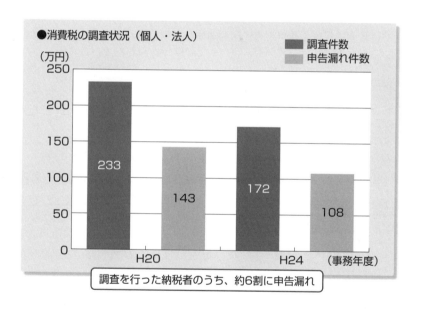

④ 悪質な消費税不正還付事例

イ　帳簿等を改ざんし、国内売上げを輸出免税売上に仮装する手口で不正に消費税の還付を受けていた。

ロ　事業者が支払う人件費は課税取引とならないが、関係会社（人材派遣会

社など)からの派遣であると偽ることにより、課税取引である外注費に仮装して不正に消費税の還付を受けていた。
ハ　帳簿等を改ざんし、賃貸借処理をすべきリース契約について売買処理を行うことにより、リース資産を自社の固定資産として計上し、不正に消費税の還付を受けていた。

⑤　調査手続の遵守

　平成23年度税制改正において、納税環境整備の一環として国税通則法が改正され、調査手続の透明性と納税者の予見可能性を高めるなどの観点から、調査手続について従来の運用上の取扱いが法令上明確化され、平成25年1月から施行されています。

　国税庁では、国税に関する納税者の利益の保護を図るとともに、税務行政の適正な運営を確保する観点から、国税通則法に定められた調査手続を遵守していきます。

⑥　納税者の主張を正確に把握し、適正な課税処理を遂行

　税務行政に対する信頼を確保するためには、課税が正しい事実認定の下、適切な法令解釈あるいは法令の適用がなされていることが重要です。

　このため、あらゆる事案において、常に、納税者の主張を正確に把握し、的確な事実認定に基づいて十分に法令面の検討を行った上で、適正な課税処理を行うよう努めています。その際、確実に法令要件が満たされているかなどを確認するための手続・手順の遵守を徹底しています。

(3) 資料情報

①　的確な調査・指導に活用するため、あらゆる機会を通じて資料情報を収集

　国税庁では、税法などの規定により提出が義務付けられている給与所得の源泉徴収票や配当等の支払調書などの法定調書のほか、調査などの際に把握した裏取引や偽装取引に関する情報など、あらゆる機会を通じて様々な資料情報の収集を行い、的確な調査・指導に活用しています。

また、近年の経済取引の国際化、高度情報化等の進展や不正形態の変化に常に着目し、新たな資産運用手法や取引形態に関する資料情報を積極的に収集しており、海外投資や海外企業との取引に関する情報、インターネットを利用した電子商取引などの資料情報の収集に取り組んでいます。

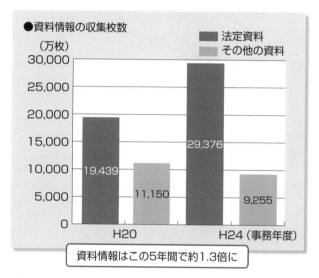

(4) 査　察
①　悪質な脱税者の刑事責任を追及
　査察制度は、悪質な脱税者に対して刑事責任を追及し、その一罰百戒の効果を通じて、適正・公平な課税の実現と申告納税制度の維持に資することを目的としています。その目的を達成するため、一般の税務調査とは別に、偽りその他不正の行為により故意に税を免れた納税者に、正しい税を課すほか、強制的権限を行使するなど犯罪捜査に準ずる方法で調査を行い、その結果に基づき検察官に告発し、公訴の提起を求めます。

　昨今の経済取引の広域化、国際化及びICT化により、脱税の手段・方法が複雑・巧妙化している中で、国税査察官は、経済社会情勢の変化に的確に対応し、悪質な脱税者の摘発に全力を挙げています。

(注) ICTとは、Information and Communication Technology の略で、「情報通信技術」の意味です。IT（Information Technology）とほぼ同義の意味を持ちますが、コンピューター関連の技術をIT、コンピューター技術の活用に着目する場合をICTと、区別して用いる場合もあります。国際的にICTが定着していることなどから、日本でも近年ICTがITに代わる言葉として広まりつつあります。

② 平成25年度の脱税総額は145億円、うち告発分は117億円

平成25年度においては、185件の査察調査に着手する一方で、前年度から引き続き査察調査を行っていた事件も含めて185件を処理し、そのうち118件を検察官に告発しました。脱税総額は145億円、告発事件1件当たりの脱税額は9,900万円となっています。

脱税の手口としては、売上除外や架空の原価・経費の計上が多く見られたほか、顧客から受領した飲食代金に係る消費税について、申告書を一切提出しない方法で不正に納付を免れていた事例もありました。また、脱税で得た資金は、現金や預貯金、有価証券で留保されていたほか、高級外車や別荘の購入、海外のカジノで遊興し費消していたものもありました。

査察調査の状況

	着手件数	処理件数	告発件数	脱税総額 （うち告発分）	1件当たり脱税額（うち告発分）
	件	件	件	百万円	百万円
平成24年度	190	191	129	20,479 (17,466)	107 (135)
平成25年度	185	185	118	14,458 (11,731)	78 (99)

※ 脱税額には、加算税を含みます。

③ 平成25年度中の一審判決では115件で有罪判決、うち9名に実刑判決

平成25年度中に一審判決が言い渡された事件は116件で、うち115件の事件について有罪判決が出されました。平均の懲役月数は12.9か月、罰金額は1,200万円となっています。また、実刑判決は9人に出されました。実刑判決は昭和

55年以降毎年言い渡されています。

査察事件の一審判決の状況

	判決件数①	有罪件数②	有罪率②／①	実刑判決人数③	1件当たり犯則税額④	1人当たり懲役月数⑤	1人(社)当たり罰金額⑥
	件	件	％	人	百万円	月	百万円
平成24年度	120	119	99.2	3	76	13.0	16
平成25年度	116	115	99.1	9	52	12.9	12

※ ③〜⑥は、他の犯罪との併合事件を除いてカウントしています。

(5) 税務に関するコーポレートガバナンスの充実に向けた取組み
　　――事前の信頼関係の構築と調査の重点化――

　我が国全体の申告水準の維持・向上の観点から、大企業の税務コンプライアンスの維持・向上は大変重要です。大きな組織を有する大企業の税務コンプライアンスの維持・向上のためには、組織の第一線まで税務に関する認識が高まるようコーポレートガバナンスの充実が効果的です。

　このため、国税庁としては、大規模法人の調査の機会に、税務に関するコーポレートガバナンスの状況を確認し、経営責任者等と意見交換を行い効果的な取組事例を紹介するなど、その充実に向けた自発的な取組を促進しているところです。

　また、税務に関するコーポレートガバナンスの状況が良好と認められた法人については、税務リスクの高い取引の自主開示を受けその適正処理を確認するという事前の信頼関係を構築した上で、次回調査までの間隔を延長し、より調査必要度の高い法人へ調査事務量を重点的に配分するなど税務行政の効率化を進めていきます。

3 事務実施要領とは

(1) 事務実施要領とは

　国税の組織は、毎年7月1日から翌年6月30日までを一つの区切り（「事務年度」）として事務を進めています。国税庁では、毎年、新たな事務年度の始まりにあたって、その年度の事務方針（「事務運営指針」）を全国の各国税局に示します。各国税局では、これを受けて、それぞれの実情（納税者数や地域経済の状況等）を考慮しながら、国税局ごとに事務方針を定め、これを管内の各税務署に示します。

　この事務方針は、個人課税、資産課税、法人課税といった税務署の事務分担ごとに文書で示されている場合があり、その文書が「事務実施要領」と呼ばれるもので、各税務署のそれぞれの事務担当者は、この「事務実施要領」に従って事務を進めることになります。

　ただ、国税局によっては、この「事務実施要領」に代えて、事務年度初めに行われる税務署長会議や、各事務の担当統括国税調査官会議において、その会議資料の中で方針が示される場合もあります。

　このようにして、毎年「事務実施要領」等が示されることにより、全国的に均一的・均質的な税務行政が行われ、課税の公平が図られているということになります。

(2) 事務実施要領には何が書かれているのか

　事務実施要領の中には、おおよそ次のような事項が記載されています。
- ・その事務年度中に重点的に取り組む事務
- ・事務の実施にあたっての留意事項
- ・事務の対象とする基準等
- ・調査対象者の選定等
- ・事務の実施状況の報告等

(3) 事務実施要領は秘密文書なのか

　事務実施要領や会議資料は、国税局等が税務行政を行うために作成した文書なので、いわゆる公文書に該当し、情報公開の対象になっていますから、誰でも情報公開を請求して「事務実施要領」等を見ることができます。

　ただ、内容によっては情報公開になじまない部分もあるので、その箇所は黒く塗りつぶされていて、読めないようになっている場合があります。

(4) 各国税局の事務実施要領等について

　平成26事務年度の事務実施要領等について、情報公開を請求して、それぞれの国税局から開示されたものをいくつかご紹介します。（紙面の都合上、「税務調査」、「消費税」に関する箇所を抜粋してあります。12ページから19ページ参照。）

平成26年事務年度
法人課税事務実施要領
（事 務 手 続 編・抜 粋）
大阪国税局

※この資料は、開示請求したもののうちの一部ですので、その取扱いには充分ご注意をお願いします。また、黒塗り部分は不開示部分です。

るほか、資料情報担当と連携・協調を図り、住民税課税資料や■■■など、新規把握に向けた基礎資料の収集に取り組む。
　ロ　事業実態等の解明
　　集積した資料情報を分析してもなお事業実態等が不明である者については、■■■■■■■■■■■■■■■■を実施するなどして、事業実態等の解明に努める。
　　なお屋号資料等の解明については資料情報事務実施要領に基づき実施する。
　ハ　調査等の実施
　　資料情報等の解名の結果、申告義務があると認められる者については、事案に応じた接触を図り、処理する。
　　なお調査等に当たっては、事後の適正申告が図られるよう、適切な指導を行うことに留意する。
　　また、潜在高額者と想定される者のうち、更なる情報の収集・蓄積等が必要な場合は、継続１管理事案として管理し、適期に深度ある調査を実施する。

（４）消費税事案への取組
　　消費税事案一の取組については、■■■■■■など消費税の観点からの選定を行うほか、■■■■■■■■■■■■など、消費税固有の非違が想定される者に的確に対応する。
　　なお調査に当たっては、■■■■■■■■■■■のほか■■■■■■■が企画・運営の中心となって取り組む。
　イ　消費税無申告事案
　　消費税無申告事案については、第７章Ⅴ「消費税無申告者への対応」に基づき、全件処理に向けて取り組む。
　　また、課税売上高が1,000万円前後のいわゆる消費税のボーダーライン層に属する者のうち、所得税の申告事績やその業種の景況感からみて意図的に消費税を逃れていると想定される者に対しても調査接触を図り、処理に努める。

ロ 消費税還付申告者に対する実態解明

　消費税還付申告者については・不正還付を未然に防止するため、内務事務担当と調査事務担当がそれぞれの段階で行うこととしているチェックを的確に実施するとともに還付原因が解明できない場合は、確実に還付留保する。

　また、■■事業実態の解明を要する者については、確実に調査の対象とし、原則として平成26年12月末までに着手することとするが、■■■■■■■■■■■事案の内容に応じて着眼調査（机上）により接触するなど、濃淡をつけた対応により、効率的な処理を行う。

　なお、不正還付疑義事を把握した場合には、すみやかに局個人課税課（監理第5係）連絡する。

　おって、輸出物品販売場を有する者に対する調査に当たっては、「輸出物品販売場チェック表」（局④06）を作成・活用し、■■■■■■■■■■■■■■■■■■■■■■■十分に確認することとし、当該「輸出物品販売場チェック表」については、調査終了後、非違の有無にかかわらず、その写しを速やかに局WANメールにより局個人課税課（監理第3係）へ提出する。

法人●●●A

平成26年8月開催
全管法人課税関係統括国税調査官等会議資料

(資料番号●●・課税第●部法人課税課)

(抜　粋)
東京国税局

※この資料は、開示請求をしたもののうちの一部分ですので、その取扱いには充分ご注意をお願いします。また、黒塗り部分は不開示部分です。

実施部門	取組	実施内容	取組状況
法人	ⓛ 消費税調査専担者及び消費税担当審理専門官の設置	消費税調査専担者(14名)を14署の法人課税部門に設置する。消費税担当審理専門官(1署1名)を設置する。	消費税調査専担者との事務打合せ会を定期的に開催し、局署間及び署間の意思統一を図るとともに、事例研究を通じて調査・審理能力の向上を図っている。 消費税調査専担者については、平成26年5月末で同時・重点合計の消費税固有の非違割合が35.0％(同時調査：21.2％)、非違1件当たり追徴本税額1,756千円(同時調査：501千円)となっている。 消費税担当審理専門官については、消費税調査専担者からの依頼に応じ、消費税調査事案に積極的に関与している。

実施部門	試行名	実施内容
電商統実官	⑭ ASP(アフィリエイト・サービス・プロバイダー)を通じてアフィリエーターに自主的な	アフィリエイトは、誰でも簡単に始めることができる反面、趣味や副業との意識で多額の収入を得るようになっても確定申告を怠ってしまう傾向が見受けられることから、報酬を支払うASPを通じて多くのアフィリエーターに対して悉皆的に自主的な適正申告を促すメールを送信することで、納税者の自主的な見直しや以後の適正申告を促す。

	適正申告を促す取組【一部修正】	
	⑫消費税の無申告が想定されるネットオークションサイト出品者への取組【修正】	ネットオークションでは、出品者は、匿名で、あるいは、複数のIDで物品を販売することが出来るため、当局が出品者の事業規模を把握することは極めて困難である。 そのことを奇貨として潜在化する事業者もあり、また、消費税率UPにより潜在化のインセンティブも高まっていくものと考えられる。 このような状況を踏まえ、ネットオークション出品者に対して、潜在化を抑止するためのメッセージを届けることで、消費税の適正申告の確保につなげる。
消費	⑬「書式表示特例承認」を受けている法人に対する書面照会【新規】	次の①から③を主眼に、長期未接触となっている「書式表示承認」法人に対して、書面照会を実施し、コンプライアンスの向上を図る。 ① 書式表示申告の自主的見直しによる申告内容誤りの是正、 ② 無申告法人に対する期限後申告の勧奨 ③ 印紙税申告義務者の納税者管理の徹底

平成26事務年度の取組方針
　消費税については、主要な税目である一つであることに加え、消費税率の引上げに伴い国民の関心も極めて高く、一層的確な執行が求められることから、法人課税部門における重点課題として、組織的にかつ重点的に取り組む。
1　消費税還付審査の実施
　消費税の不正還付等を未然に防止するため、還付保留した上で、「消費税還付保留解除チェック表」を活用して、還付申告の態様及び還付税額の階層に応じた接触によって確実に還付理由の解明を図る。
　なお、還付理由を解明した法人については、保留解除を的確に行う。
・■■■■■■■■■■■■■■■■■■■■■■■■■、全件還付審査を実施する。【継続】
・■■については、還付審査を実施する。【継続】
・■■については、還付審査を実施する。【継続】

法人●●●A

平成26年8月7日開催
全管法人課税関係統括国税調査官等会議資料

(資料番号1-9(3)・課税第二部法人課税課)

(抜　粋)
関信国税局

※この資料は、開示請求したもののうちの一部ですので、その取扱いには充分ご注意をお願いします。また、黒塗り部分は不開示部分です。

消費税調査の充実

1　基本的な考え方

　消費税調査については、消費税率の引上げに伴い意図的な無申告、多額な不正還付や悪質な課税逃れ等の増加が見込まれることから、消費税固有の不正計算や多額な非違が想定される法人を的確に選定し、厳正な調査を実施する。また、KSKシステムを効果的に活用し、消費税固有の非違が想定される法人(無所得法人を含む。)に対し、重点項目調査として効率的な調査を実施する。

　特に、還付申告については、不正還付を未然に防止するため、局が指示する接触方法により還付原因の解明を行う。

　また、消費税に対する職員の意識・知識・調査能力の一層の向上が図られるよう職員研修の充実等に努める。

2　本事務年度の取組

　(1)　消費税不正還付の未然防止(還付申告への対応)

　　　還付申告の内容に不審点等がある場合には、確実に還付処理を保留した上、次の点に留意し、的確かつ迅速に還付原因の解明を行う。

　イ　申告の態様に応じた還付原因の解明

　　　消費税還付保留法人に対しては、局が指示する「申告態様と接触方法」に基づき、実地調査、署内調査又は書面(電話)照会といった接触等により還付原因の確実な解明を行うこととし、机上確認のみで安易に還付保留の解除処理を行うことのないよう留意する。

　ロ　還付申告内容の検討

　　(イ)　消費税の還付申告書に添付することとされている、「消費税の還付申告に関する明細書」(以下、「明細書」という。)を活用し還付原因の解明等を行うとともに、明細書の添付のない還付申告書を把握した場合には、明細書の提出を要請し、確実に還付原因の解明を行う。

（ロ）　■■■■■■■■　還付申告については、■■■を活用するほか、■■■■■を確認するなど、不正な還付申告の把握に努める。
　　（ハ）　■■■■■■■■■還付申告については、■■■■■■■■■■■■■■■■ほか、■■■■■■■■■■■■■■■など、不正な還付申告の把握に努める。
　ハ　第一統括官による決裁及び進行管理の徹底
　　　「還付保留法人調査票（還付保留解除連絡せん）」の決裁は第一統括官が行うこととし、決裁に当たっては、関係書類等の確認を徹底する。
　　　また、第一統括官は、保留解除処理が特段の理由もなく長期にわたって滞留しないよう「消費税還付申告者名簿兼還付保留者名簿」を活用して進行管理を行う。
（２）　消費税調査の充実
　　　消費税調査については、事案が複雑・巧妙化している現状を踏まえ、不正還付を含む不正計算や消費税固有の非違の把握により一層配意した選定・調査に取り組むため、次の点に留意する。
　イ　調査選定に当たっては、KSKシステムを活用するほか、確定申告書や過去の申告事績、■■■■■■■■■■■の検討を行い、悪質な不正還付や圧縮等の課税逃れが想定される法人を的確に選定し、深度ある調査を実施する。
　ロ　局法人課税課（調査選定PT）は、消費税の不正計算又は固有の非違の観点から抽出した■■■■■■■■■■■■■■■■■■■■■■■■■■■■■■■■■■■■■■■などの選定支援資料を還元することから、企画支援担当（企画支援担当設置署以外の署は調査担当統括官等）は当該資料を活用し、的確な調査選定に努める。
　　　また、消費税の大口不正計算が想定される法人については、個別に調査選定を依頼するので、申告内容等を検討し優先的に調査を実施する。
　　　なお、多額消費税不正還付や消費税額の圧縮を目的とした架空又は偽装取引が疑われる法人を把握した場合には、速やかに局法人課税課（調査選定PT）に連絡する。
　ハ　消費税に着目した重点項目調査については、「重点項目調査の実施に当たっての留意事項について（事務連絡）」において、局が示した「重点項目調査に関する着眼メニュー」を参考に、KSKシステムを効果的に活用し、消費税固有の非違が想定される法人を的確に選定し、■■■■■■■■■■■■■■■■■■■■■■■■■■■■■を事務年度首から計画的に実施する。
　ニ　消費税率の引上げに伴い、■■■■■■■■■■■■■■■■■■■■■■■■■■ことから、調査に当たっては、■■■■■■■■について的確に検討を行う。
　ホ　■■■■■■■■■■■は国際官・海外取引連絡員が中心となって申告内容を検討し調査を実施する。
　ヘ　統括官は、準備調査及び調査復命の際に消費税の観点からの着眼点又は調査展開を具体的に指示するとともに、要調査項目の検討漏れがある場合には確実に検討するよう指示する。
（３）　職員意識及び知識の向上
　　　消費税事務運営をより一層充実させるためには、個々の職員に消費税調査に積極的に取り組むべき意識付けと知識の向上が重要であることから、事務年度当初の全体研修等の機会を通じて、消費税に係る取組の趣旨や具体的な取組方針を説明するなど、職員全体の意思統一を図る。

法人387A

平成26年7月（別冊）
法人税・消費税及び源泉所得税の事務実施要領
（事務手続編・抜粋）
名古屋国税局法人課税課

※この資料は、開示請求したもののうちの一部ですので、その取扱いには充分ご注意をお願いします。また、黒塗り部分は不開示部分です。

2　消費税調査の充実
　消費税調査については、■■■■■■■■■■■■■選定し、効果的な調査を実施して消費税固有の非違を確実に把握する。
　また、同時調査においても、■■■■を活用して消費税に着目した準備調査を行うとともに、固有の非違を念頭に置いた調査を実施する。【変更】
・消費税部門（担当）においても■■■■■■■■■■■重点項目調査を実施する。【新規】
・調査選定にあたっては、■■■■■■■■を積極的に活用する。【継続】
・消費税の知識と意識向上のため、「法人課税課速報」、「今日の消費税情報（ＫＳＪ）」等を活用した全体研修の実施や自己研さんを図る。【継続】
・消費税調査専担者は、消費税の観点から深度ある調査を実施するとともに、効果的な事案選定のための情報蓄積・調査手法開発等を行う。【継続】

項目番号	対象法人	実施時期	KSKシステムの抽出要領	左記の抽出条件
（2）ハ	合同調査	事務年度末	KSKシステムの「基本形式法人管理簿」の「抽出条件入力」処理により合同調査事案に係る「法人管理簿」を出力する。	■

3　実地調査対象法人の選定
　実地調査対象法人の選定は、「2特官及び統括官等による粗選定」で抽出した「実地調査対象者整理簿」等を活用するが、単に計数分析にとどまらず、資料情報、申告内容及び過去の調査状況等から多角的な検討を行う。

第1章 税務調査の基本

　なお、真に調査必要度の高い法人を選定するため、署の実情に応じ、選定会議の開催等により部門の枠組みを超えて選定を行うなど法人課税部門職員の英知を結集して行う。
　おって、特官及び統括官は、「実地調査対象者整理簿」の備考欄に調査選定等の状況を記載し、事務年度末の実況区分の見直し等の際に活用する。

（1）資料情報の蓄積と活用
　日常の事務や調査等あらゆる機会を捉えて分担業種や地域の景況、動向及び有効な資料情報の収集、蓄積に努め、調査対象の選定の資として活用する。
　この場合、必要に応じて問題法人の抽出を目的とした内外観調査を積極的に行う。

（2）一般同時調査事案の選定
　一般同時調査事案については、大口・悪質な不正計算が想定され、法人税、消費税及び源泉所得税を通じて、深度ある調査が必要なものとする。
　なお、一般同時調査事案の選定に当たっては、第3グループの法人、高階級法人及び着目すべき業種の法人等について、別途局から還元する「選定支援リスト」を活用して、積極的に調査対象として選定する。
　おって、無所得法人に対しても、消費税及び源泉所得税の観点から不正が想定される法人を積極的に調査対象として選定し、深度ある調査を実施する。

（3）重点項目調査事案の選定
　重点項目調査事案については、申告状況・資料情報を基に幅広い観点から選定した調査対象項目に着目した重点的な調査が必要な法人とする。
　おって、消費税の観点から選定した事案については、「消費税チェック表（固有の不正計算）」を活用して調査を実施する。

（参考）重点項目調査の対象法人（例示）
イ　消費税の観点

4 法人税・法人消費税の調査事績の概要

(1) 法人税の調査事績の概要

　平成24事務年度においては、大口・悪質な不正計算が想定される法人など調査必要度が高い法人9万3千件（前年対比72.6％）について実地調査が実施されました。その国税庁から公表された内容は以下のとおりです。

　このうち、法人税の非違があった法人は6万8千件（同74.0％）、その申告漏れ所得金額は、9,992億円（同85.0％）、追徴税額は2,098億円（同96.4％）となっています。

法人税の実地調査の状況

項目 \ 事務年度等		23	24	前年対比
実地調査件数	千件	129	93	72.6
非違があった件数	千件	92	68	74.0
うち不正計算があった件数	千件	25	17	67.9
申告漏れ所得金額	億円	11,749	9,992	85.0
うち不正所得金額	億円	3,052	2,758	90.4
調査による追徴税額	億円	2,175	2,098	96.4
調査1件当たりの申告漏れ所得金額	千円	9,139	10,712	117.2
不正1件当たりの不正所得金額	千円	12,120	16,125	133.0
調査1件当たりの追徴税額	千円	1,692	2,249	132.9

第1章 税務調査の基本

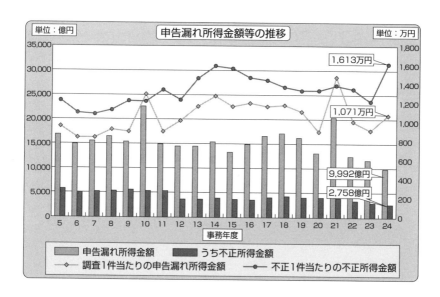

（2）法人消費税の調査事績の概要

　平成24事務年度においては、法人消費税について、法人税との同時調査等として8万8千件（前年対比73.5％）の実地調査を実施しました。

　このうち、消費税の非違があった法人は5万件（同75.2％）、その追徴税額は474億円（同103.4％）となっています。

法人消費税の実地調査の状況

項目	事務年度等	23	24	前年対比
実地調査件数	千件	120	88	73.5
非違があった件数	千件	66	50	75.2
うち不正計算があった件数	千件	19	13	69.3
調査による追徴税額	億円	458	474	103.4
うち不正計算に係る追徴税額	億円	133	114	85.9
調査1件当たりの追徴税額	千円	381	536	140.7
不正1件当たりの追徴税額	千円	709	879	124.0

（注）　調査による追徴税額には地方消費税（譲渡割額）を含む。

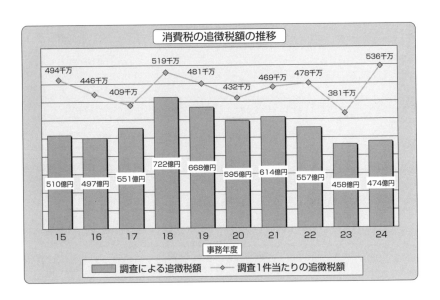

Ⅱ 税務調査の流れとあらまし（法人の場合）

1 税務調査とは

　日本の税制は、自分で納める税金は自分で計算する仕組みです。自分で所得金額の計算を行い、それに税務調整等を加えて税額を算出し、自ら申告・納税するという「自主申告制度」が基本となっています。

　しかし、全ての納税者が、納税義務を正しく、漏れなく履行できるかどうかとなると実際上かなり難しくなります。独自の解釈に基づく判断があったり、申告漏れが出たり、「脱税行為」と誤解されたりするかもしれません。

　そこで、自分でも気が付かない間違いや不正を防ぐために税務調査が行われるのです。つまり、税金の正しい申告及び正しい納税のために、税務当局による税務調査という検査が行われ、租税負担の公正・平等などが図られるのです。

　また、税務調査が行われることにより、納税の社会的公正性と平等性が保たれることになり、結果、国の財政の基本である税収が確保されます。税務調査は、国にとっても非常に重要な役目を持っているとも言えます。

　具体的には、税務調査は、国税局又は税務署の所掌の部門で、「税歴表」及び「申告書」などを検討して、統括官（統括国税調査官）が調査担当者（上席国税調査官、国税調査官、事務官。国税局では主査等）に指令を出して行います。

　一般的には、調査が行われる1～2週間前には、顧問税理士及び調査する会社の社長に電話等による連絡が入ります。何年に一回ぐらい調査に入るかはよくわかりませんが、会社の規模、業績及び過去の調査事績等により違うと思います。税務署の特別調査官が所掌する会社では2年おきぐらいですが、売上げ1,000万円以下程度の規模の会社等はほとんど調査は行われていないと言われています。なお、国税局所掌の大規模法人の場合は毎年調査が入るそうです。それ以外の会社は3年～5年（最近では6年～7年）おきに調査が入るとも言

われています。

　ところで、税務調査に入る前には、調査担当者はその「準備調査」といって、申告書の「損益計算書」及び「貸借対照表」の科目について前年対比を行います。前年と比較して異常に増加又は減少した科目はないか、売上総利益率（荒利）が変動していないかなどを検討して、調査項目を絞り込むのです。

　「資料せん」とは、調査する会社と取引がある会社又は個人から、取引内容及び金額を書いた資料で、調査の際に収集したり、法定資料として提出されたものですが、この「資料せん」も見ます。調査担当者は、概ね会社に２～３日間程度、午前10時頃から午後４時過ぎまで調査を行うのが一般的といわれているようです。

　初日の午前中は、応接室や会議室などで、世間話しから始めて、社長の家族構成、出身地、趣味等を聞き出してきます。そして徐々に、会社の概況を聞いたりしつつ、会社案内、組織図、役員及び株主名簿等まで提示を求めることもあります。

　特に、このなかでも世間話をしながら、社長の家族構成、出身地、趣味等を聞き出します。この世間話等が重要なキーワードとなって、ここの経営者はどういうものにお金を使っているのかなどを把握します。帳簿等を見ずに、一見親しみやすいように社長の家族や田舎、趣味等を話題にして話をし、それらがヒントになったりすることもあります。熟練担当者ともなるとあらゆる話の一端から、巧妙にヒントを得ようとします。

　それでも、午後にもなるといよいよ帳簿等の調査を行います。調査官は午後４時頃には調査を終え税務署に戻らなければなりませんので、大体それぐらいまで会社で調査を行います。そして、その日に行った調査事項や内容を統括官に説明して、次の指示を仰ぎます。統括官は、明日はここを調査した方がよいとか、何々や何処そこを確認するようにとかの指示を出します。

　次の日にはその統括官に言われたことなどを中心に調査が行われます。また、その日の午後には、今回の調査の総括として、問題点を指摘したり、調査担当

者が自ら反面調査（取引相手を調べること）をしたりします。

　それらを終えると、調査日の1～2週間後ぐらいに、今回の調査をまとめた結果を説明するために来署を求める連絡がきます。そこで、社長と税理士が税務署に出向き、担当統括官と調査担当者から問題となった点について話し合います。その結果、税務署の指摘事項については、社長と税理士が納得して、それについて修正申告をし、納税をすれば調査はすべて終了ということになります。

　もし、その指摘等に納得できない場合には、「更正決定」が行われることもあります。その場合には、税務署に「異議申立て」や国税不服審判所に「審査請求」を行うことになります。最終的には裁判所で争うことにもなります。

2　税理士との事前の打合せは十分に！

　社長と経理担当者との間で、今まで話せなかった事柄や言い忘れていた事柄などについて話し合いをした場合には、その内容を税理士にも報告するようにしましょう。万が一、調査担当者から指摘された時に、税理士が内容を知らなかったということでは、うまく対処できないことになってしまう可能性があるからです。

　その際、調査担当者から疑いの目で見られ、突然、修正申告等を要求されてしまうことにもなりかねません。そうならないためにも、不安事項などがありましたら、何でも税理士には報告をするようにしましょう。

　税理士から、調査で指摘される可能性が高い事項をピックアップしてもらい、修正申告を求められた場合に、いくらの追徴税額となるのか、都道府県民税、市町村民税、そして延滞税などはどうなるのか、いくらぐらいかかるのかなども含めて計算してもらいましょう。

　例えば、消費税課税事業者の会社で売上げの計上漏れを指摘された場合、国税については法人税と消費税について追徴税額が発生します。地方税である事業税は増加した所得に対して課税され、法人住民税所得割については増加した

法人税額に対して課税されます。

また、延滞税(原則年7.3%で平成26年からは2.9%、納期限の翌日から2月を経過した日以後9.6%(平成26年1月1日～平成26年12月31日までは9.2%))、過少申告加算税[※1]、悪質な場合は重加算税[※2]も課されます。なお、地方税についても延滞金等が発生します。これらの追徴税額を事前に見積もることで、資金繰りを考えることができます。

(注) 上記※1と※2は以下のとおりです。
※1……過少申告加算税は、本税10％。ただし、新たに納める税金が当初の申告納税額と50万円とのいずれか多い金額を超えている場合は、その超えている部分については15％となります。
※2……重加算税は、本税35％。ただし、無申告の場合は40％となります。

3 税務調査と税理士の仕事

任意調査における税理士の仕事は、税務署が「処理誤り」等と指摘する部分の妥当性を検証することであると考えます。税務署の言いなりになるのではなく、主張すべきところは主張する必要があります。しかし、会社側の完全な誤りの場合には、それを素直に認めたうえでの今後の改善を含めた主張をするようにすればよいでしょう。

また、調査過程における調査担当者の指摘事項には、まとめて最後に反論するのではなくその都度反論しておかないと、調査担当者の判断が正しいと認めたことになります。修正申告を行う場合にも納税者自身が納得したうえで行うことが大事です。

任意調査などの税務署からの調査をすべて断るといった手段は使うべきではありません。一般的には、公務員として業務の必要性から税務調査を行おうとしているのですから、できる範囲の協力するようにしましょう。

調査は通常2日から1週間ですが、その間業務を停止する必要はありません。ただし、調査開始時に会社側の予定を知らせておくほうがお互いに効率的です。また、調査時期や日数についても会社の都合を加味したうえであらかじめ約束

しておくことも、不必要に長い調査を避ける意味で重要です。

4　税務調査を前向きに考える

　税務調査といいますと、一般的にマイナスイメージを持たれる方も多いと思いますが、その調査のコストは税金で行われていることを考え、逆転の発想で、納税者として何かのメリットを得るように考え方を転換することも大切です。中小企業の場合、外部監査はもちろんのこと内部監査もコスト的に行うのはむずかしいのが現状です。しかし、税務調査は国費で第三者による内部管理体制のチェックを行ってくれるうえに、同族会社の発展阻害要因といわれる経営者一族の公私混同の是正になる場合もあります。実際、税務調査により従業員の不正が発覚したり、公私混同のツケが経営者に対する認定賞与とみなされ多額の税負担を強いられて、経営が是正されるようなケースもあります。また、税務調査を経て経営者と税理士の信頼関係を強固にするチャンスです。

5　税務調査に強い税理士とは

　税務調査において、一般の納税者がプロである調査担当者と対等に渡り合うことは困難です。そこで、大事なことは、第一に納税者の味方になってくれる信頼できる税理士を探すことが重要となってきます。

　信頼できる税理士とは、税務調査の際に納税者のために尽力してくれる税理士であり、調査担当者の指摘に正当な見解で対応してくれて、しかも、できる限り税負担が少なくなるように対策を練ってくれる税理士といえます。

　調査担当者の指摘する問題点について、納税者がうまく対応できるように補佐してくれれば、調査を早く終わらせることができますし、当然追徴税額も少なくすることができます。

　このように税務調査における税理士の返答の仕方や対応いかんで税務調査の進行や結果に大きな差が出てきますし、日ごろから、いつ税務調査が入っても問題を指摘されないような記帳や税務処理を行うように助言し、安全な方向に

リードする役割があります。

Ⅲ 税務調査の開始

1 税務調査には強制力があるのか

　税務調査の種類には大きく分けて「任意調査」と「強制調査」があります。

　任意調査のうちで、「無予告調査」というものがあります。主に飲食店等、現金商売をしている会社などに多いのですが、必ずしも強制的というわけではありません。会社の都合で相当の理由がある場合ならば、調査を待ってもらうこともできるケースがあります。

　無予告調査にこられた場合、まずもって最初にしなければならないことは、税理士への連絡です。そして必ず立ち会いをしてもらうようにしましょう。税理士の立ち会いのない調査は行わさせない、何としても調査を待ってもらうことが、非常に重要な場合もあります。

　また、もう1つ重要なことがあります。それは、調査担当者の身分を確認することです。最近劇場型の詐欺が横行しており、偽税務職員による還付金詐欺事件や警察官や弁護士役まで登場させる詐欺事件が多発しているからです。偽調査担当者にだまされるケースもあるようで、決して確認だけは怠らないようにしましょう。調査担当者の身分をしっかりと確認したうえで、税理士にも、「○○税務署の△△調査担当者の○○さんが来られました」という報告を行いましょう。

　ところで、先ほど言いました調査ができるできないは、取締役社長等の代表者が不在の場合で連絡がとれないときです。そのような場合は、会社や事務所の帳簿は、原則的に会社の代表者の許可がなければ外部の人間に見せることはできないことになっており、調査担当者に対しても同様です。代表者がいないと調査そのものが成立しなくなってしまうのです。

　「任意調査」は、強制力はありませんが、会社側には調査を受忍する義務があります。ただし、調査の日時等については、会社側の都合を考慮してもらえ

ます。この調査を一般的には「調査」とも呼んでいます。

　反対に、絶対に拒否することも待ってもらうこのもできないのが「強制調査」といわれる調査です。一度、令状が出されてしまったら、どうすることもできません。査察（＝マルサ）は突然会社にやって来ます。そしてその場で、脱税等の証拠となる現物を差押えると同時に銀行、経理担当者の自宅や社長の自宅、工事等関係があるところにも一斉に調査がかかります。

　査察は悪質で計画的な脱税犯に対する国税犯則取締法に基づいて行われるもので、通告処分又は告発をすることが最終目的となります。査察が終わり次第、新聞等を通して国民に公表されています。

2　調査はいつ行われるのか

（1）調査のサイクル

　税務調査がどれぐらいの程度の頻度で行われるかといいますと、通常3年から5年（最近は6年から7年）に1度程度が一般的といわれています。過去の会社の税暦（税務上の履歴）や業種によって調査回数が異なります。

　たとえば、過去の税暦が優秀で納税意思もしっかりしていると認められた優良申告法人は、調査による指導がさほど必要でないとみなされて、通常よりは頻度も少なくなる場合もあります。

　また、不動産賃貸業を営む会社などは、たいてい10年間調査がまったく行われません。これは売上や経費等が毎年ほぼ一定しているので、調査に行かなくても書類上のチェックで事足りるので、たとえば売上や経費が大幅に増減した時だけ調査を行えばいい、という理由からです。

　これとは逆に、特に悪質な会社、脱税等の不正があったり、前回の調査の内容が著しく悪かったりした会社には毎年でも調査を行います。

　つまり、税務署側としては、脱税をしている会社や疑わしい会社には集中して調査を行い、それ以外の会社には定期的な調査に留めるわけです。

（2）税務調査の年間スケジュール

　国税局や税務署内の人事異動は7月に行われるのが一般的です。人事異動が行われますとその後しばらくは事務の引継ぎ等で、税務署員はばたばたします。大体8月のお盆過ぎぐらいまでそのような状態が続くこともあります。そのような中で、調査法人の選定が行われます。

　そして暦の上では秋となるころから、一斉に税務調査がはじまり、ピークの時期を迎えます。秋が税務調査の最も多い季節となります。

税務調査の年間スケジュール（例示）

時期	7月～8月	9月～11月	12月～1月	2月～3月	4月～5月	6月
個人		税務調査	確定申告準備	確定申告	確定申告整理	税務調査
法人	・人事異動 ・事務引継 ・調査法人選定	税務調査	税務調査	確定申告	税務調査	税務調査

3 どのような会社が調査対象となるのか

　最近は、税務署のKSKシステム(※)が進んで、問題点の多寡によって調査法人の選定が行われるようになりました。

　具体的な選定基準は、以下に掲げた例示のように、売上げの伸びが順調なのに所得の伸びがもうひとつである場合とか、支店が増えているのに売上げが伸びていない場合とか、申告書並びに申告書に添付されている資料の数値をコンピュータに入力すれば、すぐに該当する項目がチェックされ調査の対象にするといった方法がとられているようです。

※　KSKシステムとは、税の申告及び納付事績、各種の情報を入力することにより、国税債権などを一元的に管理するとともに、これらを分析して税務調査や滞納整理に活用することを目的とした税務行政事務の基盤システムです。

税務調査対象法人となりやすい場合の例示

1	売上げが急に増えている会社
2	売上げの伸びは毎年順調であるのに、所得の伸びが低調である会社
3	支店が増加しているが、売上げが伸びていない会社
4	売上げの伸びに比べたら、原価の伸びが高すぎる会社
5	売上げの伸びに比べたら、原材料（仕入れ等）費の伸びが高い会社
6	売上げの伸びに比べたら、外注（傭車）費の伸びが高い会社
7	売上げの伸びに比べたら、人件費の伸びが高い会社
8	同規模法人に比べたら、個人換算所得率が著しく低い会社
9	売上げの伸びは毎年順調であるのに、欠損金の繰越しがある会社
10	代表者報酬が高額であるのに、欠損金の繰越しがある会社
11	代表者からの借入金が、大幅に増加（減少）しているような会社
12	売上高と課税売上高の開差が大きいと思われる会社
13	課税売上割合が著しく変動していると思われる会社

14	控除対象仕入税額と推定控除対象仕入税額の開差が大きい会社
15	みなし仕入率が変動している会社
16	売上総利益率の変動が大きい会社
17	同規模法人に比べて、売上総利益率が著しく低い会社
18	同族法人・グループ法人に、過去において大口不正がある会社
19	多額の特別損益が発生している（貸倒れ、固定資産の売却など）会社
20	建物・土地・備品・車両・船舶が増加しているような会社

4 調査資料とはどのようなものなのか

　秋は税務調査が多い時期であることは前述しましたが、その調査の際には調査担当者は、多くの資料を持参してきます。その資料を基に、会社の帳簿との突き合せを行います。その調査の際に持参されてくる資料は、どのような資料なのか、どのような種類のものがあるのかを以下に掲げておきます。

① 法定資料

　法人などが税法に基づき提出を義務づけられているもので、「法定調書」といいます。法定調書の中でも弁護士、税理士、司法書士、外交員などに支払った報酬料金等の支払調書、土地建物売買の不動産等の譲受け対価の支払調書、斡旋手数料の支払調書などが、よく税務調査に活用されます。

② 一般収集資料

　税務署が、法人などに取引状況等を明らかにするよう協力を求めて収集した資料です。売上げや仕入れに関する資料のほか、費用などについてもリベートや交際費など支払先の調査に役立ちそうな項目が掲載された資料が提出を求められやすい資料です。

③ 実地調査資料

　税務調査の際に、現金取引や遠隔地取引など相手方の調査の際に役立ちそうだと思われる情報を収集した資料です。

④ 特別収集資料

　税務署係官が収集先に出向いて収集するもので、代表的なものは、登記資料や増・改築資料などです。

⑤ 深聞資料

　調査担当者は深聞資料せん用紙をいつも携行しています。これは自分で見聞きしたことを資料にするためです。行列ができる店等をメモして、深聞資料が作成されます。そのほか週刊誌切り抜き記事、予約帳、テーブル伝票なども材料になります。

第1章 税務調査の基本

> **コラム** 税務署から「調査」の連絡が来たら
>
> 　税務署からの税務調査に関する事前通知は、通常、顧問税理士宛てにあります。また、顧問税理士がいない場合には、直接調査対象会社に連絡が入ります。
>
> 　そこで、税務署から連絡があった場合に必ず聞いておくべき事項を 参考 「事前通知時の確認事項」にまとめておきます。
>
> 　参考　事前通知時の確認事項
> 　　① 調査日時及び調査予定日数
> 　　② 調査官の氏名、所属部門、人数
> 　　③ 調査の理由
> 　　④ 調査の種類と対象年度
> 　　⑤ 連絡先

⑥ メリハリ調査？

　調査予定日数や調査担当者の人数を事前に聞いておくと、おおまかに、今回の調査が通常の税務調査なのかどうかがわかります。会社の規模にもよりますが、調査担当者1〜2人で2日間というのが一番多いようです。ちなみに、調査日時はある程度柔軟に対応してもらえますので、こちらの要望をきちんと伝えましょう。

　また最近では、実調率を上げるために、メリハリのある税務調査が主流となっています。事前通知時に、調査理由（「法人税還付調査」や「反面調査」、「一般調査」など）及び、調査対象期間、調査税目（「源泉所得税」や「印紙税」、「法定調書」など）は必ず確認するようにしましょう。

　実調率とは、税務調査の対象となる法人や個人事業者などのうち、実際に税務調査が行われた割合を表します。法人実調率は、実地調査の件数を対象法人数で除したもので、個人実調率は、実地調査（着眼調査を除く）の件数を税額のある申告を行った納税者数で除したものとなっています。

ちなみに、平成23年分では、法人の実調率4.3％、個人はわずか1.4％となっています。（図参照）

図　実調率の低下

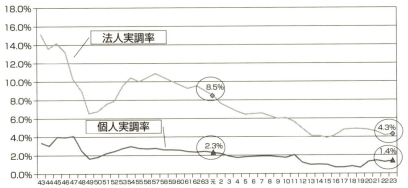

(注)　「個人実調率」は、20年分以降は実地着眼調査を含む。

出典：国税庁ホームページより

⑦　調査理由がわかると対応しやすい

　調査理由がわかると、どういう対応をすればよいのかある程度予測できます。

　例えば、「法人税還付調査」であれば、前年決算の赤字に基づく法人税還付の妥当性を確認するのが主となります。この場合は、得意先の貸倒れや設備投資など、前年が赤字である理由が明確に説明できるように事前に準備ができます。

○法人税還付調査…前年決算が適正な赤字であることを説明できるようにしておく

○反面調査…自社の「取引先」を調査するために、その証拠資料集めのために実施されるものなので、資料さえきちんと提出できれば早く終わることもあります。

〈税務調査の際の注意点〉

1　普段通りで対応する

・緊張し過ぎず、普段通りの態度で接触する。

・むやみにこびすぎないようにする。

・最終的には人間対人間の交渉事になるので、心証が大事になってくる。

2　むやみに饒舌にならない

・調査担当者は世間話しの中からも調査の糸口を探している。

・聞かれたことだけ答えることにして、余計なことはあまりしゃべらない。

・調査担当者は、あくまでも税務的な観点から話していることを念頭においておこう。

3　慌てて即答しない

・わからないことは正直にわからないと言う。

・曖昧に答えると、誤解を与えることになるので、明瞭に答える。

・落ち着いて時間をかけて調べてから返事する。

税務調査の基礎知識 第2章

1 同時調査とは

　同時調査とは、2つの税目の調査を同時進行して進められる調査のことです。組合せによりますが、「**法人税調査＋消費税調査**」が一番オーソドックスなパターンです。

　従来、税務署の担当部門は税目ごとに、所得税部門・法人税部門・資産税部門（譲渡所得税・贈与税・相続税）・間税部門に区分されており、それぞれの税目を担当部門が調査していました。

　平成元年4月1日に物品税法の代わりに消費税法が導入された後も、会社（法人）の任意調査をする際、法人税の担当部門と消費税の担当部門とが別個に調査していました。その弊害として、調査を受ける納税者からすれば、2度の調査対応に気疲れすることや調査日程が長くなって煩雑だといった問題点が潜在していました。他方、調査する税務署サイドからすると、消費税の調査担当者が種々雑多な法人の調査に不慣れだったこと、個別の調査が非効率だといった問題点がありました。

　そこで、平成3年になると消費税も定着してきたことから、税務調査対象者（納税者）ごとの部門分けに改革がなされました。

　新しく、調査担当部所は法人課税部門、個人課税部門、資産課税部門の3部門となり、間税部門は物品税の廃止とともになくなり、消費税は納税者別に法人課税部門と個人課税部門とでそれぞれ対応することになりました。その結果、法人税と消費税の同時調査体制が確立しました。同様に、個人に対する調査の際にも、所得税と消費税との同時調査が行われることとなりました。

　以下本書では、法人税調査とその対応についても詳しく解説しておりますが、消費税調査と関係ないから要らないとは言わないでください。それは、ほとんどの場合、法人税と消費税の税務調査が同時並行して行われるから、両面でとらえる必要があるからです。もちろん消費税独自の調査もありますので、その

税務調査の基礎知識

調査については後述します。

2 強制調査と任意調査

　税務調査は、目的や対象、方法、あるいは時期、内容によっていくつかに分けられます。たとえば、よく耳にする「マルサ」(30ページ参照) は、「国税犯則取締法」という法律に基づいて行われる「強制調査」を実施する国税局査察部の俗称です。これは、税務調査としては特殊なもので、「査察」ともいいます。悪質な脱税に対する一種の犯罪捜査であり、告発、つまり裁判にかけるための臨検や捜索、差し押さえを目的としています。したがって、通常の税務調査とは異なります。

　通常の税務調査には、「任意調査」で、「実施調査」といわれています。

　しかし、任意といっても、調査に応じなかったり、妨害などをすると、罰則が課せられますから要注意です。

　準備調査で次のチェックを行い、どのような実地調査を行うか決められます。

準備調査のチェック

①	毎年のように更正・決定を受けてきている	
②	大きな売上脱漏や仕入れの架空計上をしたことがある	
③	税法にうとく、同族関係者によるワンマン経理が行われている	
④	役員の金銭感覚にあまりケジメがなく、公私混同の経理をしている	
⑤	経費の水増しをしたり、個人の費用を会社の費用にしたことがある	
⑥	各年の所得にムラがある	
⑦	相続・贈与の申告もなく、他に特別な収入もないのに高価なものを取得している	
⑧	売上げの前年比が著しく高いとか、申告所得の伸びが著しい	

⑨	好況な業界で、これまでの税務調査で、経理部門が弱いとされている

　実地調査では、調査担当者が実際に調査対象先を訪問して、さまざまな質問をしたり各種の書類などをチェックします。

　この実地調査が、企業でいわれている税務調査なのです。実地調査は、状況に応じて以下のように分類されます。

一般調査	提出された申告書が税法の規定どおりに処理されているかどうかを最終的にチェックするためのもの。 帳簿調査が中心であるが、調査官が必要だと考えれば倉庫や工場などの現場確認調査も行われる。
無予告調査	強制調査ではないが、抜き打ちで行われるもの。 タレこみなどによって事前に情報をつかみ、悪質だと判断されると予告なく行われる。 ロッカー、事務机、金庫からゴミ箱まで調査される。
反面調査	調査対象の売上先、仕入先、取引銀行等を調査するもの。 申告書の不審点や不明点を明らかにし、証拠として裏付けを取るために行われる。
特別調査	多額な脱税が想定されると判断されると、特別調査班というセクションがチームを組んで厳密に、より細やかにわたって行われる調査。 調査日数に制約を設けない。脱税の疑いが濃い場合に行われる。
総合調査	単独の実地調査では解明できない事項について、グループ系列企業などを選定して行われる。 代表者グループの相続税調査に関連して税目横断的な調査を行う。

第2章 税務調査の基礎知識

3 税務調査の受忍義務

　憲法30条により、国民全員に**納税の義務**が定められています。
　さらに、税法の規定によって、所得税や法人税、消費税などの納税額の算出方法など細かく定められています。
　これに応じて、税務当局は、納税者に対して、税務調査に関する質問や調査をする権限、「**質問調査権**」を行使して税務調査を行うわけですが、納税者は、納税の義務と同時に、「**税務調査に応じなければならない**」という義務があります。これを「**受忍義務**」といいます。

4 税務調査の時期

　これまでは、税務調査は3年〜5年に1度だったのですが、法人数に対して税務職員の数があまりに少ないことから、毎年の実調率（全法人数に対する実地調査の件数の割合。36ページ参照）が低下し、最近では6年〜7年に1度といったところが、税務調査のサイクルになってきました。
　ただし、特に悪質な会社や脱税などの不正があった会社、前回の調査の内容が著しく悪かった会社には、非定期的あるいは継続的に税務調査が行われます。税務署としては不審があると認められた会社や、脱税しているという情報がもたらされた会社に対しては頻繁に調査を行います。
　さらに最近では、国税庁のKSKシステム（国税総合管理システム）が充実してきたこともあり、下記のチェック項目に該当する会社が調査対象として選定される可能性があります。

【調査対象となるのはどういう会社かのチェック項目】
- [ ] 売上げが急増している
- [ ] 売上げの伸びは順調だが、所得の伸びが低調である
- [ ] 支店・営業所が増えているのに、売上に反映していない
- [ ] みなし仕入率が変動している
- [ ] 売上総利益の変動が大である
- [ ] 売上高と課税売上高の差が大である
- [ ] 売上げの伸びに対して、人件費の伸びのほうが大である
- [ ] 売上げの伸びに対して、原価の伸びのほうが大である
- [ ] 売上げの伸びに対して、外注費の伸びのほうが大である
- [ ] 代表者の報酬が高すぎる
- [ ] 代表者借入金、代表者貸付金が増加している
- [ ] 同じ規模の会社に比べて売上総利益が著しく低くなっている
- [ ] 建物・土地・備品などが増加している
- [ ] 課税売上高割合が著しく変動している
- [ ] 関連企業を持っている

5 税務調査の調査項目

　税務署は「法人課税部門」、「個人課税部門」、「資産課税部門」等の部門制（40ページ参照）をとっていますが、それら部門ごとに税務調査の調査範囲があります。

法人課税部門	法人税、源泉所得税、消費税、印紙税ほか
個人課税部門	申告所得税、消費税ほか
資産課税部門	相続税、贈与税、譲渡所得税

それぞれの税目に応じて税務調査が行われます。

つまり、調査担当者には、調査する税目の帳簿書類の検査権限が与えられています。

たとえば、法人税では、帳簿書類その他の物件が調査されます。

帳簿書類をはじめ、事業に関する一切の物件、具体的には、総勘定元帳、売上帳などの帳簿類や、決算関係の書類、領収書などの証憑書類、あるいは株主総会の議事録までに及びます。

6 査察とは

悪質な脱税などを摘発するため、国税局が裁判所の令状を持って調査をするケースで、当然拒否権はありません。

内部告発や密告などで事前調査が始まり、証拠などに対する事前準備が相当進められた後に国税局査察部の査察官が一切に調査に入ります。これを「査察調査」又は単に「査察」といいます。

会社、社長自宅、取引会社、会計事務所、色々なところで同時に調査が入ります。

このケースにおいては追徴税額次第で「刑事事件」に発展することになります。

警察の取り調べと一緒で、虚偽の証言は罰せられます。そもそも多額の脱税行為を行っている会社は、税理士に虚偽の決算資料を提出している場合など、顧問税理士ですら脱税の手口を知らないケースが多いので対処が出来ないことが多いのです。

7 無予告調査とは

　無予告調査とは、強制調査ではありませんが抜き打ちで行われる調査で、「無予告調査」のことをいいます。

　タレこみなどによって事前に情報をつかみ、悪質だと判断されると予告なしに行われる。

　ロッカーや、事務机、金庫、ゴミ箱まで調べられるケースもあります。

8 事前通知を要しない場合

1 無予告調査の必要性

　次の①～④について検討した結果、⑤～⑥に該当する場合には、事前通知を行いません（通法74の10）。

　具体的には、「事前通知を要しない調査の適否検討表」により無予告調査が必要かどうかを判断します。

---
① 　納税者の申告内容
② 　納税者の過去の調査結果の内容
③ 　納税者の営む事業内容に関する情報
④ 　国税庁等が保有する情報

---
⑤ 　違法又は不当な行為を容易にし、正確な課税標準等又は税額等の把握を困難にするおそれがあると認める場合
⑥ 　その他国税に関する調査の適正な遂行に支障を及ぼすおそれがあると認める場合
---

2 上記❶の⑤の具体例

上記イの⑤の「違法又は不当な行為を容易にし、正確な課税標準等又は税額等の把握を困難にするおそれがあると認める場合」とは、例えば、事前通知をすることにより、納税義務者において、次のイ〜ホに該当するような場合をいいます（手続通達4−9）。

イ 国税通則法第127条第2号又は第3号に掲げる行為を行うことを助長することが合理的に推認される場合

ロ 調査の実施を困難にすることを意図し逃亡することが合理的に推認される場合

ハ 調査に必要な帳簿書類その他の物件を破棄し、移動し、隠匿し、改ざんし、変造し、又は偽造することが合理的に推認される場合

ニ 過去の違法又は不当な行為の発見を困難にする目的で、質問検査等を行う時点において適正な記帳又は書類の適正な記載と保存を行っている状態を作出することが合理的に推認される場合

ホ 使用人その他の従業員若しくは取引先又はその他の第三者に対し、上記イ〜ニの行為を行うよう、又は調査への協力を控えるよう要請することが合理的に推認される場合

3 上記❶の⑥の具体例

上記イの⑥の「その他国税に関する調査の適正な遂行に支障を及ぼすおそれがあると認める場合」とは、例えば、次のイ〜ハのような場合をいいます（手続通達4−10）。

イ 事前通知をすることにより、税務代理人以外の第三者が調査立会いを求め、それにより調査の適正な遂行に支障を及ぼすことが合理的に推認される場合

ロ 事前通知を行うため相応の努力をして電話等による連絡を行おうとしたものの、応答を拒否され、又は応答がなかった場合

ハ 事業実態が不明であるため、実地に臨場した上で確認しないと事前通知先が判明しない等、事前通知を行うことが困難な場合

4 平成26年度改正

(1) 取扱い

　平成23年12月の国税通則法の改正では、調査の事前通知については、納税者と税務代理人の双方に対して通知することとされていましたが、平成26年7月1日以後に行う事前通知については、税務代理権限証書に納税者の同意が記載されている場合には、税務代理人に対してすれば足りることとされました（通法74の9⑤）。

　なお、平成26年6月30日以前であっても、改訂前の税務代理権限証書に納税者の同意を記載して提出することができます（手続通達7－1）。

(2) 改正時期

　上記①の改正は、平成26年7月1日以後に行う事前通知について適用します（平26改正法附則39②）。

〈国税通則法〉
第74条の9（納税義務者に対する調査の事前通知等）
　税務署長等（国税庁長官、国税局長若しくは税務署長又は税関長をいう。以下第74条の11（調査の終了の際の手続）までにおいて同じ。）は、国税庁等又は税関の当該職員（以下同条までにおいて「当該職員」という。）に納税義務者に対し実地の調査（税関の当該職員が行う調査にあっては、消費税等の課税物件の保税地域からの引取り後に行うものに限る。以下同条までにおいて同じ。）において第74条の2から第74条の6まで（当該職員の質問検査権）の規定による質問、検査又は提示若しくは提出の要求（以下「質問検査等」という。）を行わせる場合には、あらかじめ、当該納税義務者（当該納税義務者について

税務代理人がある場合には、当該税務代理人を含む。）に対し、その旨及び次に掲げる事項を通知するものとする。

一　質問検査等を行う実地の調査（以下この条において単に「調査」という。）を開始する日時

二　調査を行う場所

三　調査の目的

四　調査の対象となる税目

五　調査の対象となる期間

六　調査の対象となる帳簿書類その他の物件

七　その他調査の適正かつ円滑な実施に必要なものとして政令で定める事項

2　税務署長等は、前項の規定による通知を受けた納税義務者から合理的な理由を付して同項第1号又は第2号に掲げる事項について変更するよう求めがあった場合には、当該事項について協議するよう努めるものとする。

3　この条において、次の各号に掲げる用語の意義は、当該各号に定めるところによる。

一　納税義務者　第74条の2第1項第1号イ、第2号イ、第3号イ及び第4号イ並びに第74条の3第1項第1号イ及び第1号イに掲げる者、第74条の4第1項並びに第74条の5第1号イ及びロ、第2号イ及びロ、第3号イ及びロ、第4号イ及びロ並びに第5号イの規定により当該職員による質問検査等の対象となることとなる者並びに第74条の6第1項第1号イ及び第2号イに掲げる者

二　税務代理人　税理士法（昭和26年法律第237号）第30条（税務代理の権限の明示）（同法第48条の16（税理士の権利及び義務等に関する規定の準用）の規定により準用する場合を含む。）の書面を提出している税理士若しくは同法第48条の2（設立）に規定する税理士法人又は同法第51条第1項（税理士業務を行う弁護士等）の規定による通知をした弁護士若しくは同条第3項の規定による通知をした弁護士法人

4　第1項の規定は、当該職員が、当該調査により当該調査に係る同項第3号から第6号までに掲げる事項以外の事項について非違が疑われることとなった場合において、当該事項に関し質問検査等を行うことを妨げるものではない。この場合において、同項の規定は、当該事項に関する質問検査等については、適用しない。

5　納税義務者について税務代理人がある場合において、当該納税義務者の同意がある場合として財務省令で定める場合に該当するときは、当該納税義務者への1項の規定による通知は、当該税務代理人に対してすれば足りる。

第74条の10（事前通知を要しない場合）

　前条第1項の規定にかかわらず、税務署長等が調査の相手方である同条第3項第1号に掲げる納税義務者の申告若しくは過去の調査結果の内容又はその営む事業内容に関する情報その他国税庁等若しくは税関が保有する情報に鑑み、違法又は不当な行為を容易にし、正確な課税標準等又は税額等の把握を困難にするおそれその他国税に関する調査の適正な遂行に支障を及ぼすおそれがあると認める場合には、同条第1項の規定による通知を要しない。

〈国税通則法施行令〉

第30条の4（調査の事前通知に係る通知事項）

　法第74条の9第1項第7号（納税義務者に対する調査の事前通知等）に規定する政令で定める事項は、次に掲げる事項とする。

　一　調査（法第74条の9第1項第1号に規定する調査をいう。以下この条において同じ。）の相手方である法第74条の9第3項第1号に掲げる納税義務者の氏名及び住所又は居所

　二　調査を行う当該職員の氏名及び所属官署（当該職員が複数であるときは、当該職員を代表する者の氏名及び所属官署）

　三　法第74条の9第1項第1号又は第2号に掲げる事項の変更に関する事項

第2章 税務調査の基礎知識

四　法第74条の9第4項の規定の趣旨

2　法第74条の9第1項各号に掲げる事項のうち、同項第2号に掲げる事項については調査を開始する日時において同項に規定する質問検査等を行おうとする場所を、同項第3号に掲げる事項については納税申告書の記載内容の確認又は納税申告書の提出がない場合における納税義務の有無の確認その他これらに類する調査の目的を、それぞれ通知するものとし、同項第6号に掲げる事項については、同号に掲げる物件が国税に関する法令の規定により備付け又は保存をしなければならないこととされているものである場合にはその旨を併せて通知するものとする。

〈国税通則法第7章の2（国税の調査）関係通達〉

4－9（「違法又は不当な行為を容易にし、正確な課税標準等又は税額等の把握を困難にするおそれ」があると認める場合の例示）

　　法第74条の10に規定する「違法又は不当な行為を容易にし、正確な課税標準等又は税額等の把握を困難にするおそれ」があると認める場合とは、例えば、次の（1）から（5）までに掲げるような場合をいう。

（1）　事前通知をすることにより、納税義務者において、法第127条第2号又は同条第3号に掲げる行為を行うことを助長することが合理的に推認される場合。

（2）　事前通知をすることにより、納税義務者において、調査の実施を困難にすることを意図し逃亡することが合理的に推認される場合。

（3）　事前通知をすることにより、納税義務者において、調査に必要な帳簿書類その他の物件を破棄し、移動し、隠匿し、改ざんし、変造し、又は偽造することが合理的に推認される場合。

（4）　事前通知をすることにより、納税義務者において、過去の違法又は不当な行為の発見を困難にする目的で、質問検査等を行う時点において適正な記帳又は書類の適正な記載と保存を行っている状態を作出すること

が合理的に推認される場合。
- （5） 事前通知をすることにより、納税義務者において、その使用人その他の従業者若しくは取引先又はその他の第三者に対し、上記（1）から（4）までに掲げる行為を行うよう、又は調査への協力を控えるよう要請する（強要し、買収し又は共謀することを含む。）ことが合理的に推認される場合。

4－10（「その他国税に関する調査の適正な遂行に支障を及ぼすおそれ」があると認める場合の例示）

　法第74条の10に規定する「その他国税に関する調査の適正な遂行に支障を及ぼすおそれ」があると認める場合とは、例えば、次の（1）から（3）までに掲げるような場合をいう。
- （1） 事前通知をすることにより、税務代理人以外の第三者が調査立会いを求め、それにより調査の適正な遂行に支障を及ぼすことが合理的に推認される場合。
- （2） 事前通知を行うため相応の努力をして電話等による連絡を行おうとしたものの、応答を拒否され、又は応答がなかった場合。
- （3） 事業実態が不明であるため、実地に臨場した上で確認しないと事前通知先が判明しない等、事前通知を行うことが困難な場合。

7－1（税務代理人を通じた事前通知事項の通知）

　実地の調査の対象となる納税義務者について税務代理人がある場合における法第74条の9第1項の規定による通知については、同条第5項に規定する「納税義務者の同意がある場合」を除き、納税義務者及び税務代理人の双方に対して行うことに留意する。

第2章 税務調査の基礎知識

　ただし、納税義務者から同項各号に掲げる事項について税務代理人を通じて当該納税義務者に通知して差し支えない旨の申立てがあったときは、当該税務代理人を通じて当該納税義務者へ当該事項を通知することとして差し支えないことに留意する。

(注)　1　同条第5項に規定する「納税義務者の同意がある場合として財務省令で定める場合」には、平成26年6月30日以前に提出された税理士法第30条《税務代理の権限の明示》に規定する税務代理権限証書に、同項に規定する同意が記載されている場合を含むことに留意する。
　　　2　ただし書による場合においても、「実地の調査において質問検査等を行わせる」旨の通知については直接納税義務者に対して行う必要があることに留意する。

税務代理権限証書

受付印

※整理番号 _____

___年___月___日　　　殿

氏名又は名称	
事務所の名称及び所在地	電話（　）－　　　　連絡先　電話（　）－
所属税理士会等	____税理士会____支部　登録番号等　第____号

税理士又は税理士法人

上記の　税理士／税理士法人　を代理人と定め、下記の事項について、税理士法第2条第1項第1号に規定する税務代理を委任します。

___年___月___日

過年分に関する税務代理	下記の税目に関して調査が行われる場合には、下記の年分等より前の年分等（以下「過年分」といいます。）についても税務代理を委任します（過年分の税務代理権限証書において上記の代理人に委任している事項を除きます。）。【委任する場合は□にレ印を記載してください。】	□
調査の通知に関する同意	上記の代理人に税務代理を委任した事項（過年分の税務代理権限証書において委任した事項を含みます。）に関して調査が行われる場合には、私（当法人）への調査の通知は、当該代理人に対して行われることに同意します。【同意する場合は□にレ印を記載してください。】	□

依頼者	氏名又は名称	㊞
	住所又は事務所の所在地	電話（　）－

1　税務代理の対象に関する事項

税目（該当する税目にレ印を記載してください。）		年　分　等
所得税（復興特別所得税を含む）※申告に係るもの	□	平成　　　　　　年分
法人税　復興特別法人税・地方法人税を含む	□	自　平成　　年　月　日　至　平成　　年　月　日
消費税及び地方消費税（譲渡割）	□	自　平成　　年　月　日　至　平成　　年　月　日
所得税（復興特別所得税を含む）※源泉徴収に係るもの	□	自　平成　　年　月　日　至　平成　　年　月　日（法定納期限到来分）
税	□	
税	□	
税	□	
税	□	

2　その他の事項

※事務処理欄	部門	業種	他部門等回付　・　・（　）部門

税務代理権限証書の記載要領

1　「税理士又は税理士法人」の「事務所の名称及び所在地」欄には、税理士事務所又は税理士法人の名称及び所在地を記載するとともに、税理士法人の従たる事務所において実務を担当している場合には、「連絡先」に当該従たる事務所の所在地等を記載してください。

2　本文中「税理士／税理士法人」の文字は、税理士が提出する場合には下段の「税理士法人」を二重線等で抹消し、税理士法人が提出する場合には上段の「税理士」を二重線等で抹消してください。

3　以下に該当する場合は□にレ印を記載してください。

（1）「過年分に関する税務代理」欄

　　「1　税務代理の対象に関する事項」の「税目」欄に記載した税目に関する調査の際には、「1　税務代理の対象に関する事項」の「年分等」欄に記載した年分等より前の年分等（以下「過年分」といいます。）についても税務代理を委任する場合。

（注）過年分の税務代理権限証書において、今回委任する代理人（以下「代理人」といいます。）に委任している事項を除きます。

（2）「調査の通知に関する同意」欄

　　代理人に税務代理を委任した事項（過年分の税務代理権限証書において委任した事項を含みます。）に関する調査の際には、依頼者への調査の通知は、代理人に対して行われることに同意する場合。

4　「依頼者」欄には、依頼者の氏名又は名称及び住所又は事務所の所在地を記載してください。

　　なお、相続税の場合は、依頼者である相続人ごとに税務代理権限証書を作成することに留意してください。

5　「1　税務代理の対象に関する事項」欄には、税務代理を委任する税目にレ印を記載し、当該税目の区分に応じた年分等を記載してください。また、表記税目以外の税目について税務代理を委任する場合は、当該税目及び年分

等を記載してください。

(注) 1　相続税の場合は、「年分等」欄に、相続開始年月日を「〇年〇月〇日相続開始」と記載してください。
　　 2　税務官公署の調査の際に、源泉徴収に係る所得税（復興特別所得税を含む）について税務代理を委任する場合も、当該税目にレ印を記載してください。

6　「2　その他の事項」欄には、税理士法第2条第1項第1号に規定する税務代理の対象から除く事項がある場合にその事項を記載してください。また、当該税務代理の範囲を特に限定する場合にはその旨を記載してください。

7　「※整理番号」及び「※事務処理欄」は記載しないでください。

9 反面調査とは

　調査対象者の取引先、取引銀行を調査するものです。申告書の不審点や不明点を明らかにし、証拠として裏付けを取るために行われます。

よくある反面調査

① 仕入計上業者への反面調査
② 在庫管理を外部業者に委託している場合、その業者への反面調査
③ 外注費計上業者への反面調査
④ 売上先に対して売上げ計上漏れの反面調査
⑤ 架空人件費があるかどうかの反面調査
⑥ 家賃を支払っている貸主や現地調査の反面調査
⑦ ゴルフ会員権、有価証券の売却の場合の相手側の反面調査
⑧ 高級車の販売の譲渡先の反面調査
⑨ 金融機関への反面調査

10 銀行調査とは

　反面調査の一つとして、取引銀行等において開設されている普通預金、当座預金等の入出金状況や振込人や手形、小切手の振出人等を調査します。

11 税務調査のリハーサル

　税務調査ではどんな質問が出されるか、予想される指摘事項は何かなど事前に社内で検討しておくことが必要です。
　税務調査の流れなどを税理士にレクチャーしてもらい、対応する担当者はポイントをつかんでおくべきです。

1．課税売上げの調査ポイント
2．多発する貸倒処理の具体的対応策
3．簡易課税制度の調査ポイント
4．届出事項のチェック
5．改正消費税法に伴う留意点

税務調査のポイントと対策

第3章

一般的な法人税の税務調査では、申告漏れや過少申告となる項目「売上げ」がまず始めに調査されます。脱税の常套手段となっている売上除外や不正など計上にまつわるミスや間違いが多いからです。

1 売上げについて

　売上げについて、チェックするポイントは以下のとおりです。

① 売上げの計上基準に誤りはないか
② 売上げの計上漏れがないか
③ 売上げが翌期に繰延べられていないか
④ 値引き・返品・割戻しなどの処理にミスはないか
⑤ 単発、現金取引に誤りはないか

　また、次のような会社は特に売上げを調査されやすい傾向があります。

① 現金での売上げ・仕入れの多い会社
② 売上げが大幅に減少した会社
③ 好況業種の割りに申告所得が少ない会社
④ 支店や営業所の多い会社
⑤ 代金回収が銀行などを通して行われていた会社

2 経営者との金銭貸借

　税務調査では経営者から会社、会社から経営者への金銭の貸付けがあると、必ずといっていいほど注目されます。
　経営者と会社との間で金銭貸借が行われている場合は次の3点についてチェックされます。

| ① 返済能力があるか |
| ② 借入金の使途はどうなっているのか |
| ③ 金利がどれくらいになっているか |

　なお、会社と会社の取締役との金銭貸借は、会社法で自己取引となるため、株主総会（又は取締役会）の決議が必要となります。
　決議がない場合は、その貸付けが否認されることもありますので注意が必要です。
　経営者と会社との金銭貸借についての事前チェックとしては、以下のとおりです。

| ① 資金の出所の明確化 |
| ② 金銭消費貸借契約書の作成 |
| ③ 経営者の確定申告 |
| ④ 株主総会（取締役会）の決議書の作成 |

3　経営者の親族の給与

　中小企業の多くは同族会社ですが、経営者の親族が役員になっている場合は注意が必要です。

　役員報酬は、適正な金額については損金算入、不相当に高い場合は損金不算入とされます。また、役員の賞与は損金不算入です。

　調査では経営者の親族に対しての給与や賞与を問題にします。役員報酬などが適正かどうかは実質基準と形式基準があり、概ね次のようになっています。

《実質基準》
① 　職務の内容…代表者、取締役、監査役か
② 　職務従事の程度…常勤、非常勤か
③ 　経験年数
④ 　会社の収益の状況
⑤ 　従業員に対する給与の支払い状況
⑥ 　同業種・同規模法人の役員報酬の支払い状況

《形式基準》
　定款の規定や株主総会の決議によって定められた報酬の支給限度額を超える部分は、損金とされないという基準

4　在庫・棚卸資産

　棚卸資産の棚卸しについては、よく調査の争点となることがあります。なぜなら、棚卸しによって売上原価が確定し、利益が算出されるからで、棚卸しに漏れがあると、それだけ利益が少なくなるからです。

　中小企業は実地棚卸しをないがしろにしがちですが、利益を確定するにも最

低年1回は実地棚卸しをして商品管理を徹底することです。

その際に、廃棄品や売残品の処理をしておくことも大切です。

棚卸資産のチェックポイントは次のとおりです。

① 棚卸し計上漏れはないか
② 預け在庫・仕入輸送中の商品の計上漏れはないか
③ 棚卸資産の担当者が、実施日、手続き等について答えられるか
④ 棚卸資産の評価は届けた評価方法によるものか
⑤ 破損品などの評価は適切か
⑥ 棚卸原票と経理処理に違いがあるとき説明できるか

5 接待交際費

　交際費は、範囲が広いうえにこれといった明確な基準がないため支出した経費が交際費になるのかならないのかで問題になりがちです。

　交際費を支出した場合、資本金が1億円以下の会社では年800万円までの金額についてはその全額が損金算入できます。

　1億円超の会社は限度額がなく、100％課税となります。なお、平成26年度税制改正で、交際費の額のうち、「飲食のために支出する費用」の50％が会社の規模に関係なく損金算入できることとされました。

　また、経費を損金算入するには必ず証拠資料が必要となります。証拠がないと交際費であるのかないのかの主張をすることもできませんし、社用・私用の区別もつきません。場合によってはすべて損金に算入されないケースもあります。

　経費の内容がどうなっているかは、次のように調べることになります。

①	費用の支払方法（領収書、請求書、仕訳伝票、出金伝票などの備考欄の記載内容）
②	費用を支払った先（請求書・領収書の内容）
③	費用をかけた相手先（得意先か、従業員か、一般の消費者か）
④	費用をかけた理由（出費した動機、目的は何か）

　交際費は中小企業の800万円以下の場合を除き、全額を損金に算入できませんから、支出した費用をできる限り他の科目で処理したいと考えますが、そのためには交際費とその他の科目との区分をすることが必要です。

※　上記③の場合、従業員の場合は福利厚生費に、一般消費者の場合は販売促進費になります。

6　役員給与・役員退職金

　平成18年の税制改正で役員報酬の遡及報酬の損金算入が認められなくなりました。

　決算時期に利益調整を行い、遡って役員報酬を上げるようなテクニックは使えなくなりました。

　業績悪化による役員報酬の減額については一定の要件により可能です。

　また、役員退職金については、役員退職給与規定で定められた金額の範囲内が支払った日の属する事業年度の損金となります。

　創業社長が退職した場合、役員から外れても実質で経営に参画してるかどうかで退職の実態が判定されますので注意が必要です。

7 使途不明金

　使途を明らかにできない支出は、必ず税務調査では指摘されることになります。

　当然ながら使途の分からないものは損金算入できません。

　また、あらかじめ「交際費」として自主計上しておくと、調査の際にはチェックされないということを耳にしますが、交際費などで処理をしても使途不明が許されるものではありません。

税務署が見てくる法人税調査のポイント

第4章

ここでは、普通行われる法人税の税務調査で、税務署がよく見てくるポイントに合わせての事前対策のポイントを記載させていただきます。消費税の税務調査と同時調査で行われる事が多く、法人税調査のみに終わらず消費税調査にも大きく影響を与えるからです。

　それでは以下に法人税の税務調査の際によく指摘される箇所をメインで掲載しますので、是非、自社ではできているかどうかをチェックしながら、ご覧ください。

1　売掛金、支払伝票、帳簿類、それらに関係する証拠資料

税務署が見てくるポイント

売上金、売掛金がチェックされます！

対策

　（1）売上金、（2）売掛金残高と（3）貸倒損失・貸倒引当金をチェックしましょう。

　税務調査では売掛金の確認は重要項目の一つです。

　売掛金とは、商品・サービスなどを提供し、売り上げたにもかかわらず、まだ代金を受け取っていない分の金額のことをいいます。

　税務上は、着手金・前金を受け取った時点で、売上計上をしなければなりません。

　また、代金をまだ受領していない場合でも商品の受け渡し・サービスの提供が完了した時点で売上計上をしなければなりません。

具体的には、顧客から受け取るはずの代金をまだ受け取っていないから売上計上をしていないといったケースなどです。

税務上は、サービスの提供・商品の受け渡しが完了したものを売上げと認識するので、税金の計算においては売上げを実際の現金等の授受とは切り離して考える必要があるためです。

そして、結果的に「納めるべき税金を納めていない・・・」ということになってしまうのです。

では、どのような対策をしなければならないかということになりますが、3つポイントがあります。

(1) 売上金

売上金は、日々正確に記帳し、現金管理も日々整理し、現金有り高と帳簿残高、証憑書類から計算した残高をチェックし、一致しない場合は、その理由を解明し、適正な処理をする必要があります。

(2) 売掛金の残高の確認

経理業務において、売掛金の管理は難しい一面があります。

たとえば、顧客が依頼をしてきて着手金をもらったり、サービスの提供・商品の受け渡しが完了しているのにもかかわらずに代金を受領していない場合などは、"つけ（売掛金）"としてサービスを提供していることになります。

税務調査では、特に期末までの売掛金は漏れなく計上されているかを重点的に確認します。

つまり、着手金やサービスの提供・商品の受け渡しが完了している売上げの漏れが無いのかを確認していくのです。

また、掛売上の請求書は、連番の番号が印刷された複写式のものを使用し、失敗したものも破棄せず、欠番がないように保存しておく必要があります。

(3) 貸倒損失や貸倒引当金が適正かどうかの確認

貸倒れとは、売上計上は行っているのに売上金（売掛金）が回収ができていない状態を言います。回収ができない状態になれば、いわゆる不良債権となります。

貸倒損失とは、回収できない売掛金を切り捨てる処理のことです。

しかし、税務上、貸倒れとして処理できるケースは限られています。

税務上では、相手先が破綻している状態でなければ貸倒処理を認めてはくれません。

貸倒処理が認められる場合とは具体的には、①法的に金銭債権が消滅した場合、②事実上の貸倒れの場合、③形式上の貸倒れの場合があります。

貸倒引当金とは、貸借対照表に計上される、売掛金や貸付金などの金銭債権に対する将来の取立不能見込み額を見積もったものです。

貸倒引当金の計上額は、売掛金の残高が正確でなければ、その計上金額について指摘されることがあります。

2 仕訳伝票、帳簿類、それらに関係する証拠資料

税務署が見てくるポイント

取引記録である仕訳伝票、帳簿類、それらに関係する証拠資料がチェックされます！

対策

経理処理・取引などを行う日常業務の中で未然に防ぎましょう。

第4章 税務署が見てくる法人税調査のポイント

　税務調査対策は、本来、調査の通知を受けてからでは遅いのです。

　そのため、日常における日々の処理が一番重要です。

　税務調査では、取引記録である仕訳伝票、帳簿類、それらに関係する証拠資料がチェックされるので、日々の会計的事実について、正確な処理をして、証拠資料を整然と漏れなく保管しておく必要があります。

　この保管するにあたってのポイントを以下に示します。

（1）消費税への対応

　消費税が原則課税の場合は、「帳簿及び請求書等」の保存義務に対応できるように帳簿に記載し、要件を満たした請求書等を保存しておかなくてはなりません。

（2）経理処理基準などの作成

　勘定科目の判断や決算時に計上する項目などについて、経理処理の基準を作成して、それに基づいて会計処理をすることで、誤りを防止することができます。

（3）税務判断を要するものへの対応

　会計処理には、税務的判断を要するものが多数あります。

　これらの税務判断を要するものについては、法令、判例などを参照にするか、関与税理士に相談しておく必要があります。

（4）会社と経営者との取引

　会社と経営者（会社役員）との取引の場合は、特に、客観的な合理性のある内容で契約し、契約書、計算根拠の資料などを保管しておく必要があります。

3 決算書

税務署が見てくるポイント

決算書は必ず見られます！

対策

決算書や申告書の作り方には、細心の注意を払いましょう。

(1) 決算書の作成

決算書の作成においては、会社法、会社計算規則、一般に公正妥当と認められる会計処理の基準などに従って作成されなければなりません。

- 確定決算で損金経理していなければ、税務上損金算入が認められない事項
- 確定決算で損金か、その他利益剰余金の区分における積立てで計上していなければ、税務上損金算入が認められない事項
- 適正な会計処理基準を尊重する事項
- 重要性の原則を適用する事項
- 期間帰属に関する処理

(2) 決算書の分析

決算書の分析は、単に税務調査に備えるためだけでなく、経営上の判断や今後の経営方針を決定するためにも重要なものです。

- 期間比較…勘定別に分析をするとともに、過年度の実績と比較検討して、

異常変動項目があれば、関係資料などにより内容を確認し、その理由を解明し、資料を保管しておく必要があります。

●同業種比較…経営指標などにより、同業種の経営比率と比較検討して、異常項目につき、自社の特殊性などその理由を解明しておく必要があります。

(3) 申告書の作成

作成者以外の人に、損益計算書の当期利益から課税所得の算出、税額計算まで、計算チェックをしてもらうなど、誤りがないように正確に作成しなければなりません。

4 お金の出入り

税務署が見てくるポイント

・銀行預金等は、公私の区分をきちんとしておきましょう。
・現金、売上金の管理体制をしっかり整備しましょう。

対策

税務調査において、銀行調査が行われないようにするには、納税者側の帳簿、証憑書類、計算資料などの、いわゆる税務証拠資料の説明により、調査担当者が銀行調査を要しないとの心証を得る程度まで、調査担当者の疑問に答えることが必要です。必ず確認しましょう。

(1) 不正防止の管理体制

不正防止の観点から、日常的にチェックできる管理システムを整備しておく

べきです。

　特に、日々における現金・預金などの出納については、必ず残高チェックなどを実施しておく必要があります。

(2) 公私混同の防止

　これは、大変多いケースで、特に一人オーナーの会社の場合、企業と個人の間での、安易な金銭の貸借や、立替えなどを行うことができるため、調査に際して疑問を持たれ、チェックされることがよく見受けられます。

　自動振替えの支払いについても、個人的な支払は個人口座から、会社の支払いは会社の口座から引き落とされるように明確に区分しておく必要があります。

(3) 残高照合の一致

　預金残高と帳簿の残高を照合することは、ごく基本的なことですが、正確な会計処理をする上では、非常に重要なことです。

　特に期末においては、帳簿の残高と預貯金の残高証明書の残高を照合し、不一致の場合には内容を分析し、訂正があれば適正な処理をし、なお不一致額があれば、残高調整表を作成しておく必要があります。

　また、日々の現金有り高をチェックしたときは、日計表や金種別明細表を作成し、年月日、時間、チェック者名を記入し、保存しておく必要があります。

(4) 小口現金制度

　小口現金制度を採用するなどにより、売上金から諸経費の支払いをしないようにして日々預金し、売上金と預金預け入れ額とが容易に照合できるようにする必要があります。

消費税の税務調査の注意点

第5章

1 消費税の税務調査とは

　前述したとおり消費税に関する税務調査は、一般的に、法人税や個人所得税の調査と同時に行われることが多いようです。
　ただし、法人税が赤字申告である場合や消費税の還付申告をした場合などについては、法人税等の調査との同時調査をしないで消費税だけの調査が行われることがよくありますので、注意しなければなりません。

1 原則課税と簡易課税により消費税の税務調査の仕方が違う

　また、会社又は個人事業者が消費税の申告する際に、原則課税で申告している場合と、簡易課税で申告して場合によって、消費税の税務調査は大きく異なります。
　原則課税では、売上げ、仕入れ、諸経費、営業外損益等といった損益項目に限らず、固定資産の購入等すべての取引について、消費税が課税されるか、非課税となるか、消費税不課税かを細分して区分する必要があります。売上げ等よりも諸経費について、課否区分を間違えてしまう場合も多くあり、その際、消費税が課税されていないのに課税されているものとして計算したとすれば、納税する消費税額が少なくなるために、修正申告をしなければならなくなります。
　そのため、原則課税で申告している会社や個人事業者は、課否区分が混じっている勘定科目である福利厚生費、旅費交通費、通信費、接待交際費、諸会費といった経費に重点を置き調査することになります。
　一方、簡易課税では、売上高をもとに消費税額を計算するので、諸経費等に関する課否区分の間違いについて指摘されることは、まずありません。しかし、課税売上げの計算で間違いを発見されれば、修正申告をすることになり、売上

高はもちろんのこと、受取家賃や雑収入といった収入に関する勘定科目はもちろんのほか、資産の譲渡や売却等についても詳細に調査が行われます。

さらに簡易課税では、それぞれの業種区分に従ってみなし仕入率を適用して消費税額を計算しますので、会社や個人事業者が適用しているその業種区分が正しいのかどうかもチェックされるほか、2種類以上の業種が混在する事業の場合の控除仕入税額の計算方法等についてもチェックされますので、そのための十分な準備が必要です。

2 税金が還付される職権による減額更正もある

たとえば、会社が事務所費として108万円を課税仕入れとして仮払消費税8万円を税抜処理したときに、消費税の税務調査において、住宅家賃部分の50％は非課税仕入れに該当することを指摘された場合、消費税の修正申告をして4万円（8万円×50％）を納めなければならなくなります。

この消費税の修正申告に伴って、会社の損益計算においても事務所費が100万円から104万円に増え、会社の利益が4万円減少してしまいます。

このように、会社の利益が減少すると、法人税の課税所得額が減少し法人税額が過大となり、今度は納めすぎた法人税額を返してもらう必要が出てきます。

税金の還付を受ける手続きとして「更正の請求」があり、申告書の提出期限から5年以内であれば当初の申告額を減らして税金を返してもらうことが可能です。ただし、「更正の請求」は会社が自分で間違いを発見したときにする手続きなので、税務調査において非違が発見され、消費税を修正申告したために法人税が過大となったときは、税務署が職権でもって法人税の更正処分をすることになります。

更正処分というと、税金が多くなるイメージが強いのですが、減額更正といって税金が還付されることも当然あるのです。

逆のケースとして、会社が受け取った土地の地代86.4万円について、仮受消費税6.4万円を税抜処理し、賃貸料として80万円を収入に計上していたとしま

す。税務調査で、土地の賃貸は非課税取引なので賃貸収入は80万円になると指摘されると、会社の利益が6.4万円増え法人税の修正申告をすることになります。

　法人税の修正申告にともなって、消費税の課税売上高が80万円減少し、仮受消費税6.4万円が過大納付となった結果、税務署は消費税額の減額更正処分をして6.4万円を還付してくれます。

※　本書において特に断りのない場合は、消費税率は8％として設定していますので、ご留意ください。

第5章 消費税の税務調査の注意点

2 仕入れた際に消費税を払っていない場合の仕入税額控除

　免税事業者や消費者個人から仕入れた場合は、領収書には消費税額が明記されていません。しかし、消費税法では、その仕入額の中にも消費税相当分が含まれているものとして仕入税額控除ができるようになっております。

1 課税仕入れとは

課税事業者が納める消費税は、以下の計算で求められます。

（課税売上×8％）－（課税仕入×8％）＝納付消費税額

※　平成26年4月1日以後の資産の譲渡等をした場合の消費税率です。同日前は5％です。

　この場合、課税仕入れとは、商品や原材料を仕入れた場合や購入した場合、また、旅費交通費や水道光熱費を支払った場合のほか、建物や備品等の固定資産を購入した場合、建物や車両の賃借料やリース料を支払った場合などの物品を購入したりサービスの提供を受けたりした場合の対価のことをいいます。

2 課税対象なら仕入税額控除ができる

　日本の消費税は、イギリスなどの消費税と違い、「インボイス方式」によらず「帳簿方式」を採っています。これは実際に消費税の支払いがあったかどうかでなく、消費税の課税対象になるのかならないのかの判断によって処理します。

　会社が支払った経費等が消費税の課税対象であれば、課税仕入れに該当するものとして仕入税額控除ができるのです。たとえ、仕入れ先が免税事業者や単なる消費者個人であったとしても、仕入れた物品等が消費税の課税対象となる

かどうかによって判断することになるのです。

(注)　「インボイス方式」は、課税事業者が発行するインボイスに記載された税額のみを控除することができる方式。「インボイス」とは、適用税率や税額など法定されている記載事項が記載された書類。欧州においては、免税事業者と区別するため、課税事業者に固有の番号を付与してその記載も義務付けてられています。メリットは複数税率制への対応と税の捕捉率の向上にあります。このタックスインボイスの代表的な例はイギリスやヨーロッパで採用されている付加価値税に付随して採用されているものです。

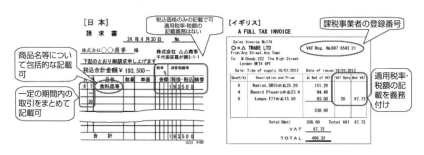

※　上図は消費税率5％の場合の記載例ですので、ご注意ください。

3　税務調査ではどうなる

　例えば、ゴルフ用品の中古販売業者が消費者個人から中古ゴルフクラブセットを8万円で引き取ったときに、税抜処理をしないで、そのままの8万円を仕入計上しました。これが、消費税の調査の際には、取引等の書類等を調査され、税抜処理を行わなければならないことを指摘され、本体の購入代金7万4,074円と消費税額5,926円とに区分し、仮払消費税5,926円は仕入税額控除することができ、消費税額が納めすぎとなりました。

　この場合、納めすぎた消費税額5,926円については、税務署の職権で還付してもらうこととなります。ただし、法人税では、仕入れ8万円が7万4,074円に修正されるため、その期の利益が5,926円増えることとなり、修正申告することとなります。

　皆さんは、5,926円について、消費税を還付してもらって得をし、法人税を修正申告して損すると、差し引きゼロで損得に関係ないと思っていませんか。

実は、差し引きゼロとはなりません。そのカラクリは、こうです。まず、消費税は5,926円の税金を返してもらうので、そのまま現金が5,926円増えます。つぎに、法人税等では利益が5,926円増えるので、税金は5,926円×40%≒2,370円納めることとなり、現金は2,370円少なくなります。差し引きすると現金は5,926円－2,370円＝3,556円増えるので、結果は得することとなります。

上記の例は極端ですが、法人税の修正申告をしたら、いつも損することばかりではないことを知っておいてください。

3 海外旅費の消費税の取扱いにも注意をしよう！

最近とみに海外旅行や海外出張をされるケースが増えていますが、この海外旅行費用の中には課税仕入れになるものとならないものがありますので注意が必要です。

たとえば、支度金や空港までの交通費、空港施設利用料など日本国内の支出については仕入税額控除できますが、海外に関する旅費や出張日当は控除対象外です。

1 国内の場合はどうなる

会社からの業務上の理由で行う国内での出張のために、役員や従業員に支給した出張旅費、宿泊費、日当のうち、通常会社が負担すべきと認められる金額については、課税仕入れに該当しますので、仕入税額控除をすることができます。

出張に限らず、役員や従業員を国内において転勤させるために支給した旅費、宿泊費、支度金、引越料も、実費相当額であれば、同様に課税仕入れすることができます。

また、会社が役員や従業員に支給する通勤手当についても、通勤に通常必要な範囲内であれば、その全額を課税仕入れできます。例えその金額が、所得税の非課税額の10万円を超えていても、消費税ではその全額を課税仕入れとすることができます。

2 海外の場合はどうなる

　日本の消費税法は、そもそも日本国内の取引についての規定です。それで、海外取引となってきますとその取扱いが異なってきます。

　たとえば、海外旅行費用のうち、航空チケット代として支払った日本から到着地までの航空運賃については、出発地又は到着地が日本ですので消費税法の適用はできますが、相手国との関係により免税取引となっています。

　そのほか、現地のホテル代などの宿泊料や移動のための交通費、飲食代やチップなどは、海外において消費されるものですので、日本の消費税法は適用されず、不課税取引となります。海外で購入したお土産ものなどについても、同様に不課税取引となります。

　ただし、お土産ものなどについて現地で消費せずに日本国内に持ち込む場合、一定の条件に該当すると輸入取引に該当し、輸入取引として消費税が課税され、その課税された輸入取引に係る消費税は、仕入税額控除をすることができます。

　ところで、海外出張に関連する費用でも、国内取引に該当する場合があります。それが、海外出張のための支度金です。その実費に相当する金額と、日本国内の空港までの交通費や出国手続きをする前の空港での飲食代などがそれに該当します。これらの費用は、日本国内において消費されていますので、課税仕入れに該当します。

3 税務調査においてはどうなる

　税務調査においては、このような海外出張や海外旅行が行われた際には、慎重な税務調査が行われます。法人税においては、海外出張中の観光旅行に関す

る部分の取扱いについては、従来から厳密に調査されていますが、同様に消費税についても海外部分について税抜処理をしていないかどうかが厳しくチェックされるのです。

　海外出張や海外慰安旅行や海外研修などが行われた場合、必ず海外部分が含まれているにもかかわらず、その出張・旅行・研修費用を全額を税抜きしている場合が散見されるそうです。その処理が発見されますと、少なくとも消費税の修正申告を余儀なくされます。

　これから海外旅行をされるケースが増え、海外旅行費用の処理をしなければならないケースも多くなると思いますが、自分の会社や事業所ではそんなことはないと思っていても、一応、必ず調査をされますので、海外旅行費用などの取扱いについては十分注意をし、その研究や準備も怠りなく行いましょう。

消費税の税務調査への対応

第6章

1 税務調査への対応

税務調査を受ける場合、迅速な対応と専門家の意見を聞くことが重要です。

ここでは、税務調査を受ける場合の対応について、解説していきます。税務調査への対応のポイントは次の4点です。

・事前通知（86ページ）

・調査当日までの準備（88ページ）

・調査当日の対応（92ページ）

・指摘事項への対応（95ページ）

以下、上記の各ポイントについて詳しく解説します。

2 事前通知

税務署から「**調査に行きたい**」と電話があったら、必ず次の点を確認します。

① 日時…何月何日に調査があるかを聞き出す。
② 場所…調査する場所が、本社なのか、工場なのか、支店・営業所なのか
③ 調査の種類…一般調査か反面調査か
④ 調査の理由…どんな理由で調査を行うのか
⑤ 担当調査官の所属部門・氏名及び人数…所属部門で調査態様がわかる
　　　　　　　　　　　　　　　　　　　特別調査か一般調査か判断できる
⑥ 調査予定日数…どの程度の調査かを予想できる
⑦ 調査対象年度…どの会計年度の調査か分かれば、対応策が立てやすい

そして、すぐに税理士に連絡し、調査当日の対応のためのリハーサル日程を

調整します。

税理士と調整ができなければ、調査日を延ばしてもらいましょう。

できるだけ日程を調整して、その間に税理士と税務調査に対する打合せやリハーサルをすることです。

そのためにも、きちんとリハーサルができる税理士を選ぶことも必要です。

税務署は原則として、調査対象者に対して、あらかじめいつ税務調査に行くかを連絡しますが、それは事前に連絡しても調査に支障がないときに限られます。

つまり、連絡をしたために、調査日までに資料の隠蔽や工作などをされては困るためです。

ですから、「**支障がある**」とみなされた場合には、事前の連絡もなく、突然抜打ちで調査をされます。このような調査を「**無予告調査**」と言います。

ただ、調査は任意であり、無予告調査も正当な理由があれば断ることもできますが、一般調査と同様「**受忍義務**」があり、断ることはできないとなっているのです。

なお、無予告調査の割合は全調査の5％くらいで、さほど多くはありません。

無予告調査における留意点は以下のとおりです。

① 必ず調査開始に関しての代表者の了承が必要であるので、正当な理由があれば延期も可能である
② 代表者、税理士が調査場所に到着するまで調査開始を待ってもらう
③ 当日の調査範囲を可能な限り絞ってもらう
④ 現金監査調査は必ず行われるので、日々、現金残高を正しく

3 調査当日までの準備

　一般の税務調査では、連絡から実施までに通常10日から2週間ぐらいの余裕があるものです。

　その間に、できるだけ手を尽くしておきたいものです。

　多くの場合、過去3期にまでさかのぼることが多いので、その3期について整備されていない事項や、不十分な処理しかしてない事項があれば、すべてを整理しておきたいところです。

　是非やっておきたいのが以下の順になります。

■やっておきたい整理等事項の順序

①	申告書、総勘定元帳等の整理
②	伝票・請求書・領収書などの整理
③	契約書（印紙の貼付確認）・証憑類の確認（稟議書含む）
④	給与台帳・源泉徴収簿の整理
⑤	帳簿類の整理
⑥	金庫・ロッカー・事務机・書類棚の整理整頓
⑦	調査日現在の現金勘定の確認
⑧	棚卸資料（原始記録）の確認
⑨	パソコン内の整理（社長、経理担当）

　また、その他に事前に確認しておくべき事項としては以下のものが挙げられます。

■事前に確認しておくべき事項

①	定款・各種議事録の有無と管理状態
②	各種届出書の保管とそれに基づく税務処理の確認
③	契約書・稟議書・取締役会決議書等の各書類相互の整合性
④	社内諸規定と税務処理の整合性
⑤	請求書・領収書による支払い先の確認(相手先との一致の確認)
⑥	保存期間内の帳簿書類の有無
⑦	取引先以外のカレンダー、記念品、メモ用紙、ライターなど社名入りのものの整理
⑧	社用電話帳の取引先以外の会社名の有無
⑨	個人預金関係の整理

■帳簿にはこんな注意も必要

①	帳簿や伝票に付箋が貼ったままになっていないか
②	帳簿にメモ用紙が挟まったままになっていないか
③	帳簿や伝票に鉛筆などで書き込みがないか
④	帳簿に○印しやレの印しでチェックしてないか
⑤	帳簿や伝票に鉛筆で数字が書き込まれていないか
⑥	経営者や経理担当者の机の上のメモ用紙やカレンダーへの書き込みはないか
⑦	決裁欄の担当者印もれはないか

■税理士・社内の責任者とは周到に準備を!

税務調査に際して、通常は税理士に立ち会ってもらいます。

しかし、調査を受けるのはあくまでも会社、個人事業者なのです。

すなわち、直接調査担当者に対応することになるのは、経営者や経理担当者です。

税理士は、税務代理や、税務書類の作成を業務としていますが、税務調査にあたっては、基本的には中心的に受け答えすることはしません。

社内的には次のような体制を整えておくとよいでしょう。

```
① 対応責任者を各部門ごとに決めておこう
② 各部門が連携をとって、自分勝手な判断だけで対応しないように決めよう
③ 各部門ごとに取引実績など事実関係を把握しておこう
④ 各部門の取引実態について、処理が税法などの法令に適合しているかを確認しておこう
⑤ 分からないことは分からないと答えるようにしよう
```

■税務調査当日までにそろえておくべき帳票類

過去3期までさかのぼることが多いので、3期分準備しておきましょう。

① 売上関係の書類・見積書

・納品書
・領収書の控え
・請求書
・工事契約書
・総勘定元帳
・入出金伝票
・小切手の控え

- ・売掛帳、買掛帳（3期分）

② 経営関係の書類・契約書

- ・稟議書
- ・取締役会議事録
- ・同族関係者との取引
- ・賃貸借契約書

③ 人件費関係の書類・給与台帳

- ・タイムカード
- ・出勤簿
- ・扶養控除申告書
- ・役員報酬改定の取締役会議事録
- ・社会保険関係の書類

④ 仕入・在庫・外注費関係の書類・見積書

- ・請求書
- ・納品書
- ・在庫表（原始記録）

⑤ その他用意した方がよい書類

- ・経営者の預金通帳
- ・当日の現金残高

4 調査当日の対応

1 調査担当者の身分証明書を必ず確かめる

　調査担当者は、税務調査を行うときには身分証明証を携帯し、調査先などで求められれば提示しなければならないと税法で義務付けられています。

　ですから、税務調査に際しては、調査担当者の身分証明証の提示を受け、身分を確認することからスタートさせます。

　一般の税務調査では事前に連絡が入りますが、特に無予告調査のときには、きちんと身分証明証の確認が必要です。

2 どんな用件で、何の調査なのかを確かめる

　税務調査には大きく分けて3つの目的があります。
　イ　更正（税務署長が職権で申告所得額や税額の修正をすること）や決定（申告がない場合に所得額や税額を決めること）などの課税処分を行うことを目的とすること
　ロ　確定した税金について滞納があった場合、徴税を目的とすること
　ハ　国税犯則取締法によって定められた犯則事件の資料を集めることを目的とすること

　税務調査を行う際には、調査官はどのような目的による調査なのかを示す必要があります。ですから、税務調査が入ったら、具体的な調査内容の説明を受けてから調査に入ってもらうことです。

3 調査中の会話で注意すること

　実地調査は、まずは挨拶から始まって、会社の概要の説明を求められたりします。

　とにかく誠意を見せ、力まず、できる範囲で応じるようにしましょう。

会社概要の説明は、経営者か、決定権のある人が行うべきでしょう。

業界について、売上げや仕入れについてできるだけ長い時間をとり、自社や業界の特殊事情等について理解してもらいましょう。

そのために何を話すかあらかじめ考えておいた方がいいでしょう。以下にポイントを記します。

- ・調子に乗ってあること、ないことを話さない
- ・同業他社の批判やうわさ話はしない
- ・話のつじつまを合せる
- ・あらかじめ決めていたシナリオから脱線しない

4 どのような調査方法で調べられるのか

調査担当者は申告ミスや申告漏れを指摘するために、わずかなミスでも見逃さないよう様々な調査手法を用います。

比較分析では、調べようとする項目（数字）について前期と当期あるいは標準値と比較することで問題点を洗い出し、さらに帳簿と領収書などの証憑類を突き合わせること（**証憑突合**）で事実確認を行い整合性を見ます。

また、帳簿や明細表などの計算が正しいかどうかをチェックしたり（**計算突合**）、帳簿をお互いに突き合わせ（**帳簿突合**）、正しい申告であったかを確かめます。

そのほかには以下のようなものがあります。

- ・調査担当者自らが実地棚卸しをして、現物があるか、数量や価格を把握する。
- ・調査担当者が棚卸しに立ち会って、実際の状況を調査し、実数が正しく算出されているかチェックする。

- 工場、倉庫、店舗、支店、営業所などの現場の状況を見に行き、簿外資産などが隠されていないかをチェックする。
- 銀行などの金融機関や仕入先、取引先などに照会して、取引の有無、残高、取引額などの答えを求める。（反面調査といいます。）

5 現場調査で結論は出ない

　税務調査が行われている間、問題点や疑問点があれば、その都度調査担当者の方から指摘されます。

　しかし、調査担当者は、その場では自分の意見を表明したり、ましてや結論を示すことはしません。

　調査で把握した事項を税務署に持ち帰ります。

　調査担当者は、その日の調査を終えて税務署に帰ると、上司である統括官に報告して、問題となる事項については指示を受けて検討に入ります。

　統括官の指示によって調査範囲を広げたり新たに調査項目を増やしたりします。

6 調査の終了

　税務調査ではいくつかの問題点が指摘されますが、全ての問題点が解決されると調査が終了しますが、見解に相違があると解決には至りません。

　場合によっては自ら主張を取り下げ、調査を終了に導くことが必要となることもあります。

5 指摘事項への対応

　実地調査では、調査担当者は誤った処理の有無を確認することを目的としているわけですから、指摘を受けたときの対応を検討しておくことが大切です。

　ポイントとしては、次のような点が考えられます。

> ①　次年度に税金が取り戻せない項目（交際費、寄附金、役員報酬・賞与など）や、次年度以降も継続的に課税対象になる項目（配偶者や家族に対する報酬、経済的利益など）は、自社の税務処理の正当性をきちんと主張しましょう。
>
> ②　本来なら今期計上されるものがズレて翌期に計上されることになる項目（売上げ・在庫の計上漏れ、収益・費用の計上漏れ、引当金の損金算入限度超過額、修繕費の否認など）は、次年度以降に認容される場合があるので、税務署の指摘に従ってもよいでしょう。

調査終了時の手続き 第7章

1 非違事項がない場合

非違事項がない場合には、調査担当者は、納税者に対して、「更正決定等をすべきと認められない旨の通知書」を送付します（通法74の11①）。

2 非違事項がある場合

非違事項がある場合には、調査担当者は、納税者に対して、調査結果の内容（更正決定等をすべきと認めた額及びその理由を含みます。）を原則として口頭により説明（参考資料を示すなどにより理解が得られるよう十分な説明）します（通法74の11②、事務運営指針、221ページ参照）。

この説明をする場合に、調査担当者は、納税者に対して、修正申告を勧奨することができます。そして、修正申告書を提出した場合には不服申立てをすることはできないが更正の請求をすることはできる旨を説明するとともに、その旨を記載した書面（教示文）を交付します（通法74の11③）。

なお、この書面を交付する際は、納税者に署名・押印を求めることとなっています（通法12④、通規1①、手続通達5－5）。

1 修正申告を勧められた場合

税務調査の結果、申告ミスや税務処理間違いがあると判断されると、調査担当者は納税者に「修正申告してください」と勧めてきます。

納得できるものであれば、当然修正申告に応じますが、もし調査結果に不満で、どうしても納得できない場合は、修正申告を提出せず、裁判を覚悟で、更正の処分にしてもらうことも必要です。

修正申告書の提出は、異議申立ての権利を自ら放棄することですから、修正

申告に応じるときは、十分に検討した上で応じることです。

2 更正処分を受けた場合

修正申告を勧められてそれを拒否すると、税務調査の終了後数か月後に、税務署から「更正通知書」が届きます。

ただし、拒否したらすべてについて更正処分されるものではありません。

この通知には、調査によって所得金額などの計算にミスや誤りがあった事項について、更正後の金額や税額、加算税額などが記入されています。

修正申告を勧められていた金額と合致するかしないかを確認することが大切です。

更正通知書は専門的な内容も多いので税理士にチェックを依頼するのがよいでしょう。

特に更正の理由についてはよく検討してください。

更正理由にどうしても納得ができず、妥当でないという場合には、不服申立て(「異議申し立て」、「審査請求」)を行い、「訴訟」へと進むことになります。

3 税務代理人への通知

上記1又は2の通知等は、納税者の同意がある場合には、納税者への通知等に代えて、税務代理人へ通知等を行うことができます(通法74の11⑤)。

なお、納税者の同意の有無の確認は、次の①又は②のいずれかにより行います(事務運営指針、223ページ参照)。

① 電話又は臨場により納税者に直接同意の意思を確認する方法
② 税務代理人から納税者の同意を得ている旨の申出があった場合には、同意の事実が確認できる書面の提出を求める方法

4 不服申立てをする場合

不服申立制度は、簡易迅速な手続による納税者の権利、利益の救済手段で、

これには「異議申立て」と「審査請求」とがあります。

(1) 異議申立て

　国税の賦課徴収に関して税務署長や国税局長の行った処分に不服のある者は、処分があったことを知った日（その処分に係る通知を受けた時は、その受けた日）の翌日から2月以内に、それぞれを処分した者に対して異議申し立てをすることができることになっています。(通法75①、77①)

　処分は、ほとんどの場合、税務署長が行うので、異議申立ては税務署長あてに行われるのが普通ですが、国税局や国税庁の職員が調査を行い、それに基づいて税務署長が処分した場合には税務署長ではなく、国税局長又は国税庁長官に対して異議申立てをすることになります。国税局等の職員が調査したということは、不服申立ての相手先とともに、更正、決定の通知書に書かれています。(通法75②)

(2) 審査請求

　国税不服審判所長に対して行う不服申立てで、次のイからハのような場合に行うことができます。

　審査請求期間は、異議申立てについて決定を経た後に行う審査請求については、異議決定書の謄本の送達があった日の翌日から1月以内（通法77②）、異議申立てを経ずにできる審査請求については、処分があったことをしった日の翌日から2月以内です。

イ　税務署長や国税局長に対する異議申立てについて決定があり、その決定に不服があるとき（通法77①）

ロ　異議申立てをしてから3月を経過しても異議申立てについての決定がないとき（通法75③）

ハ　国税局長から処分を受けたとき、青色申告者が更正を受けたとき、更正決定通知書に異議申立てができる旨の教示をしなかったとき、その他異議申立

てをしないで審査請求することにつき正当な理由があるとき（これらの場合は、税務署長等に対する異議申立てをせずに、直接国税不服審判所長に対して審査請求をすることができます。これを「始審的審査請求」といいます。）（通法75①二ロ、④）

不服申立ての流れ

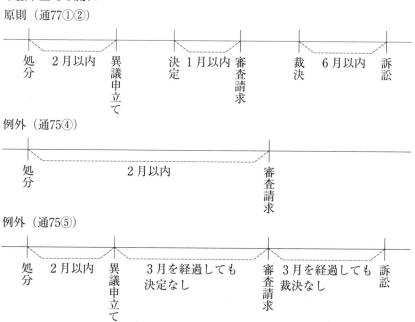

不服申立先

処分の種類			異議申立て 税務署長	異議申立て 国税局長など	審査請求 国税不服審判所長
税務署長の処分	（1） 白色などの一般の処分		▶○		▶○
税務署長の処分	（2） 税務署所管の青色の更正など（注）		▶○		▶○ ▶○
税務署長の処分	（3） 国税局調査部の職員による調査	青色の更正など（注）		▶○	▶○ ▶○
税務署長の処分	（3） 国税局調査部の職員による調査	白色の更正など		▶○	▶○
国税局長の処分（納税地の指定など）（注）				▶○	▶○ ▶○
国税庁長官の処分（納税地の指定など）				▶○（国税庁長官）	
税関長の処分				▶○（税関長）	▶○
登録免許税に関する登記所の処分					▶○

（注）　いずれかを選択する。

5 税務訴訟を起こす場合

　審査請求の裁決に対して、なおも不服があるときには、「訴訟」を起こすことになります。

　原則として国税に関する処分に対して訴訟を提起するには、異議申立ての決定か、審査請求の裁決を経過していなければなりません。

　これを「不服申立前置主義」というのですが、国税庁長官に対して異議申立てや審査請求を要求したのに、3か月経っても何の決定も裁決もない場合には、直接訴訟を提起することができます。

訴訟は、処分・裁決があったことを知った日から3か月以内に、申告した税務署などを管轄する地方裁判所に対して提起する必要があります。

(注) 平成26年度税制改正で、国税に関する不服申立て手続について、処分に不服がある者は直接審査請求ができることになりました。なお、改正前の審査請求に前置する「異議申立て」は「再調査の請求」と改められました。

6 再調査

① 取扱い

調査担当者は、新たに得られた情報に照らし非違があると認めるときは、納税者に対し、再調査を行うことができます（通法74の11⑥）。

② 新たに得られた情報

上記①の「新たに得られた情報」とは、98ページの1の更正決定等をすべきと認められない旨の通知又は98ページの2の調査結果の内容の説明に係る国税の調査において質問検査等を行った調査担当者が、その通知又はその説明を行った時点において有していた情報以外の情報をいいます（手続通達5－7）。

③ 新たに得られた情報に照らし非違があると認めるとき

上記①の「新たに得られた情報に照らし非違があると認めるとき」には、新たに得られた情報から非違があると直接的に認められる場合のみならず、新たに得られた情報が直接的に非違に結びつかない場合であっても、新たに得られた情報とそれ以外の情報とを総合勘案した結果として非違があると合理的に推認される場合も含まれます（手続通達5－8）。

〈国税通則法〉

（調査の終了の際の手続）

第74条の11

　税務署長等は、国税に関する実地の調査を行った結果、更正決定等（第36条第1項（納税の告知）に規定する納税の告知（同項第二号に係るものに限る。）を含む。以下この条において同じ。）をすべきと認められない場

合には、納税義務者（第74条の9第3項第1号（納税義務者に対する調査の事前通知等）に掲げる納税義務者をいう。以下この条において同じ。）であって当該調査において質問検査等の相手方となった者に対し、その時点において更正決定等をすべきと認められない旨を書面により通知するものとする。

2　国税に関する調査の結果、更正決定等をすべきと認める場合には、当該職員は、当該納税義務者に対し、その調査結果の内容（更正決定等をすべきと認めた額及びその理由を含む。）を説明するものとする。

3　前項の規定による説明をする場合において、当該職員は、当該納税義務者に対し修正申告又は期限後申告を勧奨することができる。この場合において、当該調査の結果に関し当該納税義務者が納税申告書を提出した場合には不服申立てをすることはできないが更正の請求をすることはできる旨を説明するとともに、その旨を記載した書面を交付しなければならない。

4　（省略）

5　実地の調査により質問検査等を行った納税義務者について第74条の9第3項第2号に規定する税務代理人がある場合において、当該納税義務者の同意がある場合には、当該納税義務者への第1項から第3項までに規定する通知等に代えて、当該税務代理人への通知等を行うことができる。

6　第1項の通知をした後又は第2項の調査の結果につき納税義務者から修正申告書若しくは期限後申告書の提出若しくは源泉徴収による所得税の納付があつた後若しくは更正決定等をした後においても、当該職員は、新たに得られた情報に照らし非違があると認めるときは、第74条の2から第74条の6まで（当該職員の質問検査権）の規定に基づき、当該通知を受け、又は修正申告書若しくは期限後申告書の提出若しくは源泉徴収による所得税の納付をし、若しくは更正決定等を受けた納税義務者に対し、質問検査等を行うことができる。

3 理由附記

　行政手続法の適用除外規定から除かれたことにより、更正等の理由附記が、すべての不利益処分に対して行われます（通法74の14①）。

　この理由附記は、処分に当たって、課税庁の判断の慎重を担保してその恣意を抑制するとともに、処分の理由を相手方に知らせて不服の申立てに便宜を与えることを趣旨としています。

〈国税通則法〉
（行政手続法の適用除外）
第74条の14
　行政手続法（平成５年法律第88号）第３条第１項（適用除外）に定めるもののほか、国税に関する法律に基づき行われる処分その他公権力の行使に当たる行為（酒税法第二章（酒類の製造免許及び酒類の販売業免許等）の規定に基づくものを除く。）については、行政手続法第二章（申請に対する処分）（第８条（理由の提示）を除く。）及び第三章（不利益処分）（第14条（不利益処分の理由の提示）を除く。）の規定は、適用しない。
２～３（省略）

4 更正の請求期間の延長

(1) 更正

　平成23年12月２日以後に法定申告期限が到来する国税については、更正の期間が「法定申告期限から５年」となりました（通法70①、平23年12月改正法附則37①）。

法定申告期限	平成23年12月1日以前	平成23年12月2日以後
増額更正	3年(注)	5年
減額更正	5年	

(注) 法人税の増額更正期間は5年

(2) 更正の請求

① 改正の趣旨

「嘆願」という実務慣行を解消するとともに、納税者の救済と課税の適正化とのバランスを図るため、平成23年12月2日以後の増額更正・減額更正の期間と更正の請求の期間を「法定申告期限から5年」で統一することとなりました。

② 一般的な取扱い

納税申告書を提出した者は、次のイ又はロに該当する場合には、法定申告期限から5年以内に限り、税務署長に対し、その申告に係る課税標準又は消費税額につき、更正の請求をすることができます（通法23①）。

イ 「申告書に記載した課税標準若しくは消費税額の計算が、国税に関する法律の規定に従っていなかったこと、又はその計算に誤りがあったこと」により、申告書の提出により納付すべき税額が過大であるとき。

ロ イの理由により、申告書に記載した還付税額が過少であるとき、又は申告書に還付税額の記載がなかったとき。

③ 更正の請求期間

平成23年12月2日以後に法定申告期限が到来する国税については、更正の請求ができる期間が「法定申告期限から5年」となりました（平23年12月改正法附則36①）。

なお、平成23年12月1日以前に法定申告期限が到来する国税については、更正の請求の期限を過ぎた課税期間について、増額更正ができる期間内に「更正の申出」をすることができます。

法定申告期限	平成23年12月1日以前	平成23年12月2日以後
1年以内	更正の請求	更正の請求
1年超～3年以内	更正の申出(注)	
3年超～5年以内		

(注) 法人税の更正の申出期間は5年

④ 事実を証明する書類の添付義務

　更正の請求に際しては、「更正の請求書」に、取引の記録等に基づいて請求の理由の基礎となる「事実を証明する書類」を添付しなければなりません（通令6②）。

　なお、「更正の申出書」にも、申出の理由の基礎となる「事実を証明する書類」を添付しなければなりません。

〈国税通則法〉

（更正の請求）

第23条　納税申告書を提出した者は、次の各号のいずれかに該当する場合には、当該申告書に係る国税の法定申告期限から5年（第2号に掲げる場合のうち法人税に係る場合については、9年）以内に限り、税務署長に対し、その申告に係る課税標準等又は税額等（当該課税標準等又は税額等に関し次条又は第26条（再更正）の規定による更正（以下この条において「更正」という。）があった場合には、当該更正後の課税標準等又は税額等）につき更正をすべき旨の請求をすることができる。

一　当該申告書に記載した課税標準等若しくは税額等の計算が国税に関する法律の規定に従っていなかったこと又は当該計算に誤りがあったことにより、当該申告書の提出により納付すべき税額（当該税額に関し更正があった場合には、当該更正後の税額）が過大であるとき。

二　前号に規定する理由により、当該申告書に記載した純損失等の金額

(当該金額に関し更正があった場合には、当該更正後の金額)が過少であるとき、又は当該申告書（当該申告書に関し更正があった場合には、更正通知書）に純損失等の金額の記載がなかったとき。

三　第1号に規定する理由により、当該申告書に記載した還付金の額に相当する税額（当該税額に関し更正があった場合には、当該更正後の税額）が過少であるとき、又は当該申告書（当該申告書に関し更正があった場合には、更正通知書）に還付金の額に相当する税額の記載がなかったとき。

2～7（省略）

第70条（国税の更正、決定等の期間制限）

次の各号に掲げる更正決定等は、当該各号に定める期限又は日から5年（第2号に規定する課税標準申告書の提出を要する国税で当該申告書の提出があったものに係る賦課決定（納付すべき税額を減少させるものを除く。）については、3年）を経過した日以後においては、することができない。

一　更正又は決定　その更正又は決定に係る国税の法定申告期限（還付請求申告書に係る更正については当該申告書を提出した日とし、還付請求申告書の提出がない場合にする決定又はその決定後にする更正については政令で定める日とする。）

二　課税標準申告書の提出を要する国税に係る賦課決定　当該申告書の提出期限

三　課税標準申告書の提出を要しない賦課課税方式による国税に係る賦課決定　その納税義務の成立の日

2　法人税に係る純損失等の金額で当該課税期間において生じたものを増加させ、若しくは減少させる更正又は当該金額があるものとする更正は、前項の規定にかかわらず、同項第1号に定める期限から9年を経過する日まで、することができる。

3　（省略）
4　偽りその他不正の行為によりその全部若しくは一部の税額を免れ、若しくはその全部若しくは一部の税額の還付を受けた国税（当該国税に係る加算税及び過怠税を含む。）についての更正決定等又は偽りその他不正の行為により当該課税期間において生じた純損失等の金額が過大にあるものとする納税申告書を提出していた場合における当該申告書に記載された当該純損失等の金額（当該金額に関し更正があった場合には、当該更正後の金額）についての更正（前2項の規定の適用を受ける法人税に係る純損失等の金額に係るものを除く。）は、第1項又は前項の規定にかかわらず、第1項各号に掲げる更正決定等の区分に応じ、当該各号に定める期限又は日から7年を経過する日まで、することができる。

〈国税通則法施行令〉
第6条（更正の請求）
（省略）
2　更正の請求をしようとする者は、その更正の請求をする理由が課税標準たる所得が過大であることその他その理由の基礎となる事実が一定期間の取引に関するものであるときは、その取引の記録等に基づいてその理由の基礎となる事実を証明する書類を法第23条第3項の更正請求書に添付しなければならない。その更正の請求をする理由の基礎となる事実が一定期間の取引に関するもの以外のものである場合において、その事実を証明する書類があるときも、また同様とする。

消費税の税務調査のポイント

第**8**章

ここでは、ややこしい消費税について、調査事例と各項目ごとに調査ポイントとなるものをあげてみました。どれも実際の調査で問題となりやすいものばかりです。

1 課税売上げの調査ポイント

課税売上げのケース	調査ポイント	チェック
① 法人が資産をその役員に対して贈与したケース	贈与物件の時価が課税対象になるにもかかわらず、計上もれはないか。	
② 保証金・権利金等の名目で受け入れたケース	返還不要とされている部分の金額を課税対象に入れているか。	
③ 事業用不動産等を明け渡す際にその遅延に伴う賃貸料相当額として損害金を受け取ったケース	課税売上げであるのに、計上もれはないか。	
④ 機械等販売業者が販売の際に課税資産の下取りを行ったケース	販売の対価と下取りの金額とを相殺していないか。	
⑤ 課税売上げ（資産の譲渡等）	計上時期は適正か。	
⑥ ジョイントベンチャーを組んだ場合に配当を受け取ったケース	課税売上げに計上すべきところを、課税対象外取引として処理していないか。	
⑦ 法人がゴルフ会員権を譲渡したケース	課税取引となるものを、非課税取引として処理していないか。	

第8章 消費税の税務調査のポイント

2 非課税項目・不課税項目の計上時期

　消費税でも売上計上時期等は、所得税や法人税とほぼ同じですが、以下の表に掲げるような非課税項目や不課税項目があるケースで、税抜処理する際には注意してください。雑収入の計上時期や固定資産の売却時期を間違える場合が多いようです。

非課税項目

①	土地の譲渡、貸付け
②	有価証券等の譲渡
③	利子、保証料、保険料等
④	郵便切手類・印紙・証紙・物品切手等の譲渡
⑤	国等が法令に基づき徴収する手数料等
⑥	社会保険医療等
⑦	社会福祉事業等
⑧	介護保険サービス
⑨	助産に係る資産の譲渡等
⑩	埋葬料及び火葬料を対価とする役務の提供
⑪	一定の身体障害者用物品の譲渡、貸付け等
⑫	学校等の授業料等の役務の提供
⑬	教材用図書の譲渡、住宅の貸付け

不課税項目

①	受取配当金
②	受取保険金
③	祝金・見舞金

3 課税仕入れの調査ポイント

課税仕入れのケース	調査ポイント	チェック
① 事業者が広告宣伝用のテレホンカードを業者に委託して作成したケース	印刷費用のみ税額控除できるところをテレホンカード代も税額控除の対象としてはいないか。	
② 原則課税を採用している事業者が居住用建物を建築したケース	費用（居住用として賃貸）係る消費税等を税額控除していないか。	
③ 同業者団体等の会費（その使途が会の維持費にあてられるもの）を支出したケース	税額控除していないか。	
④ 翌期免税事業者になるのが明らかなケース	期末棚卸高に含まれる消費税額等を税額控除していないか。	
⑤ 課税売上割合	①課税資産と②非課税資産と③①と②の共通資産に正しく分類できているか。	
⑥ 交際費等、商品券（※非課税となります）	祝金、餞別や香典等の現金支出されているものを課税仕入れから除いているか。	

⑦ 減価償却資産	購入した課税期間にその減価償却資産に係る消費税の金額が控除できているか。	
⑧ 旅費交通費	会社が支払う旅費等は、仕入税額控除の対象となる。ただし、海外出張のために支給する旅費等は対象外なので注意。(81ページ参照)	
⑨ 諸会費	会社が同業者団体等へ支払う会費が通常会費か特別会費なのか。(通常会費は、業務運営上のものは課税仕入れとならないケースが多い。ただし、セミナー等の参加費用に相当するような特別会費は対価性があるので、課税仕入れに該当する。)	
⑩ 建設仮勘定	単なる中間金の支払か、目的物の引渡しが行われている部分があるのか。	

4 簡易課税制度の調査ポイント

① 2業種以上を営んでいる場合で、特例計算を採用する場合	業種ごとに課税売上の区分ができているか。	
② 卸売、小売等のいずれの業種であっても、固定資産を譲渡した場合	その譲渡対価は第四種事業に必ず該当するにもかかわらず、他の業種区分にしていないか。	
③ 相殺取引がある場合	課税売上高が正しく処理されているか。	
④ 製造業者が主要な原材料の無償支給を受けて製品の組立・加工を行う場	第四種事業として処理できているか。(例) イ　印刷業者が紙の支給を受けて行う	

	合	イ 印刷 ロ 製本業者が印刷物の支給を受けて行う印刷	
⑤	建設業者が下請業者として人的役務の提供を行う場合	第四種事業として処理できているか。	
⑥	呉服小売業者が呉服の仕立て小売を行う場合	第三種事業として処理できているか。	

5 届出事項のチェック

　近頃、消費税に係る届出書をめぐり損害賠償請求事件が生じたり、問題となるケースが多々あります。そこで、主な届出書の①届出が必要な場合②届出書名（新様式番号）③届出期限を一覧で掲げますので、その提出期限等の間違いのないようにしましょう。

《消費税の届出等の手続き一覧》

区分	①届出が必要な場合	②届出書名	③届出期限
①	免税事業が課税事業者になることを選択しようとするとき	消費税課税事業者選択届出書（第1号様式）	選択しようとする課税期間の初日の前日まで
②	課税業者を選択していた事業者が免税事業者に戻ろうとするとき	消費税課税事業者選択不適用届出書（第2号様式）(注1)	選択をやめようとする課税期間の初日の前日まで
③	基準期間における課税売上高1,000万円を超えることとなったとき	消費税課税事業者届出書（第3号様式）	事由が生じた場合、速やかに提出
④	基準期間における課税売上高が1,000万円以	消費税の納税義務者でなくなった旨の届出書	

	下となったとき	（第5号様式）	
⑤	課税事業者が事業者を廃止したとき	事業廃止届出書（第6号様式）	
⑥	個人の課税事業者が死亡したとき	個人事業者の死亡届出書（第7号様式）	事由が生じた場合、相続人は速やかに提出
⑦	課税期間の短縮を選択しようとするとき	消費税課税期間特例選択届出書（第13号様式）	短縮に係わる課税期間の初日の前日まで
⑧	課税期間の短縮を適用をやめようとしたとき（事業を廃止したときも）	消費税課税期間特例選択不適用届出書（第14号様式）(注2)	適用をやめようとする課税期間の初日の前日まで
⑨	簡易課税制度を選択しようとするとき	消費税簡易課税制度選択届出書（第24号様式）	適用を受けようとする課税期間の初日の前日まで
⑩	簡易課税制度の選択をやめようとするとき（事業を廃止したときも）	消費税簡易課税制度選択不適用届出書（第25号様式）(注3)	適用をやめようとする課税期間の初日の前日まで

（注1） 課税事業者を選択した場合は、少なくとも2年間は継続して適用を受けなければならない。

　なお、次の期間（簡易課税の適用を受ける期間を除きます。）中に調整対象固定資産（※2）を取得した場合には、その取得した課税期間を含む3年間は免税事業者となることができません。

① 課税事業者選択届出書の強制適用期間（上記の2年間）
② 免税点制度が適用されない資本金1,000万円以上の新設法人の、設立後2年間

※1　この規定は、平成22年4月1日以後に課税事業者選択届出書を提出した法人と、同日以後に設立された法人について適用されます。

※2　「調整対象固定資産」とは、棚卸資産以外の資産で、建物及びその付属設備、構築物、機械及び装置、車両及び運搬具、工具、器具及び備品、鉱業権等の無形固定資産その他の資産で一の取引の金額が100万円以下（税抜き）のものです。

（注2） 課税期間の短縮を選択した場合、少なくとも2年間は継続して適用を受けなければならない。

（注3） 簡易課税制度を選択した場合、少なくとも2年間は継続して適用を受けなければならない。

6 帳簿及び請求書等の保存義務のポイント

帳簿及び請求書等の保存義務のポイントを以下に掲げますので、ご留意ください。

(1) 帳簿の記載要件

① 相手方の氏名、名称の記載
② 取引内容の記載
③ 取引年月日の記載
④ 支払対価の額
⑤ 課税・非課税の区分を記載

(2) 請求書のポイント

請求書とは、売主が交付する請求書、納品書、領収書等で、以下の記載がされています。

① 書類の作成者の氏名又は名称
② 課税資産の譲渡を行った年月日
③ 譲渡した資産又は役務の内容
④ 譲渡した課税資産の対価の額
⑤ 請求書の交付を受ける事業者の氏名又は名称

なお、以下のケースでは請求書に、書類の交付を受ける事業者の氏名や名称が記載されていなくても仕入税額控除が認められますので、ご留意ください。

① 小売業、飲食店業、写真業、旅行業
② 駐車場業
③ 道路運送法に規定されている一般乗用旅客自動車運送事業

(注) 請求書等を紛失した場合、確定申告期限まで再交付を受けてください。再交付を受けていない場合には仕入税額控除が否認されることとなります。

(3) 請求書等の保存

① 法人名義のクレジットカードでは使用時のご利用明細書の保存が必要
② 1回当たりの取引金額が3万円未満の場合には帳簿の記載のみでOK
③ 上様宛ての領収書はダメ
④ 感熱紙等の領収書は、物理的にダメ。7年間の保存期間までに記載内容が消えてしまう。

(注) 消費税法上は帳簿の記載のみで足りる場合がありますが、法人税法上はこのような規定はありませんので必ず保存するようにしてください。

消費税の個別調査のポイント 第9章

1 業種に共通する固有の非違事項

業種に共通する固有の非違事項は、以下の表のとおりです（国税庁資料を参考）。…以下この章は主に税理士長野匡司先生の資料を参考にしています。

業　種	非　違　事　項
製造業	土地や工場用設備に係る処理（課税仕入れの時期・個別対応方式の算定方法） 給与と外注費の課否判定 損害賠償金や損失補てん金の課否判定 国内外にわたる資材調達の内外判定 輸出免税の判定
卸・小売業	クレジット手数料の課否判定 派遣・出向社員の給与負担金等の課否判定
建設業	資材の有償支給の処理 未成工事支出金・中間金の処理 給与と外注費の課否判定 個別対応方式の算定方法
運輸業	燃料費等の課否判定 事故に係る損害賠償金の課否判定 保税地域での役務提供等に係る課否判定
通信・放送業等	同業者の共有設備の分担金
旅行業	内外判定 輸出免税取引
サービス業	架空の無形固定資産やソフトウエア等を課税仕入れとした不正還付 新設子法人の免税期間を利用した不正還付（特に人材派遣業等） 給与と外注費の課否判定
金融業	非課税となる金融取引を中心とした課税売上割合の算定方法

	個別対応方式の算定方法
不動産業	土地取引を中心とした個別対応方式の算定方法

2 給与と外注費の区分

(1) 概要

雇用契約等に基づく労務の対価は給与所得に該当し、請負契約に基づく労務の対価は事業所得に該当します。

税務調査において、外注費として処理していたものが、給与と指摘されることがあります。この場合には、次のような処理となります。

① 消費税の外注費の仕入税額控除が否認されます。
② 給与として源泉所得税が決定されます。この場合に、「給与所得者の扶養控除等申告書」の提出がないため乙欄で税額計算される可能性があります。

(2) 給与所得（給与）と事業所得（外注費）の判定

① 判定方法

東京国税局法人課税課速報「給与所得と事業所得との区分」（平成15年7月）によると、次のような判定方法が示されています。

給与所得か事業所得かの区分が明らかでないときは、②の実務上の判定事項を総合勘案して判断します（消基通1－1－1）。

税務調査では、③の判例による判定事項や、事案に応じて④のその他の判定事項の例も参考にします。○の多少で判定せず、総合的に判定することになっています。

② 実務上の判定事項

判定事項	給与所得	事業所得
当該契約の内容が他人の代替を受け入れられるか	NO	YES
仕事の遂行に当たり個々の作業について指揮監督を受けるか	YES	NO
まだ引渡しを終わっていない完成品が不可抗力のため滅失した場合等において、その者が権利として報酬の請求をなすことができるか（危険負担）	YES	NO
材料が提供されているか（費用負担）	YES	NO
作業用具が供与されているか（費用負担）	YES	NO

③ 判例による判定事項

判定事項	給与所得	事業所得
雇用契約又はこれに準ずる契約等に基づいているか	YES	NO
使用者の指揮命令に服して提供した役務か	YES	NO
使用者との関係において何らかの空間的、時間的な拘束を受けているか	YES	NO
継続的ないし断続的に労務の又は役務の提供があるか	YES	NO
自己の計算と危険において、独立して営まれているか	NO	YES
営利性、有償性を有しているか	NO	YES
反復継続して遂行する意思があるか	NO	YES
社会的地位が客観的に認められる業務か	NO	YES

④ その他の判定事項の例

判定事項	給与所得	事業所得
労働基準法の適用を受けるか	YES	NO
支払者が作成している組織図・配席図に記載があるか	YES	NO
役職（部長、課長等）があるか	YES	NO

服務規程に従うこととされているか	YES	NO
有給休暇制度はあるか	YES	NO
他の従業員と同様の福利厚生を受けることができるか（社宅の貸与、結婚祝金、レクリエーション、健康診断等）	YES	NO
通勤手当の支給を受けているか	YES	NO
他の従業員と同様の手当を受けることが可能か（住居手当、家族手当等）	YES	NO
時間外（残業）手当、賞与の制度はあるか	YES	NO
退職金の支給の対象とされているか	YES	NO
労働組合に加入できる者であるか	YES	NO
支払者からユニフォーム、制服等が支給（貸与）されているか	YES	NO
名刺、名札、名簿等において支払者に帰属しているようになっているか	YES	NO
支払を受ける者の提供する労務が許認可を要する業務の場合、本人は資格を有しているか（例運送業）	NO	YES
その業務に係る材料等の在庫を自己で保管しているか	NO	YES
報酬について値引き、値上げ等の判断を行うことができるか	NO	YES
その対価の支払者以外に顧客を有しているか	NO	YES
以前にも他の支払者のもとで同様な業務を行っていたか	NO	YES
店舗を有し一般客の求めに応じているものがあるか	NO	YES
その対価の支払者以外の者からの受注を受けることが禁止されているか	YES	NO
同業者団体の加入者であるか	NO	YES
使用人を有している者であるか	NO	YES
支払を受ける者がその業務について自己の負担で損害	NO	YES

保険等に加入しているか		
業務に当たって、支払者側のマニュアルに従うこととされているか	YES	NO
支払者の作ったスケジュールに従うこととされているか	YES	NO
業務の遂行の手順、方法などの判断は本人が行うか	NO	YES
本来の請負業務のほか、支払者の依頼・命令により、他の業務を行うことがあるか	YES	NO
勤務時間の指定はあるか	YES	NO
勤務場所の指定はあるか	YES	NO
旅費、交通費を会社が負担しているか	YES	NO
報酬の最低保障があるか	YES	NO
遅刻、無断欠勤の場合、それに見合う報酬が支払われないほか罰金（報酬の減額）があるか	NO	YES
その対価に係る請求書等の作成がされているか	NO	YES
その対価が材料代等の実費とそれ以外に区分して請求されるか	YES	NO
その対価が経費分を含めて一括で請求されているか	NO	YES

（出典：税理士長野匡司・資料）

（3）実務上の対応方法

　税務調査に備えて、外注費として主張できるように準備をしておく必要があります。あくまでも、契約によって所得区分が明らかでないときに上記（2）の内容を総合勘案するのですから、できるだけ次のような書類等により外注費としての形式を整えておくべきです。

① 　請負契約書等を作成していること
② 　請求書を作成し現場名や業務内容等を記載していること
③ 　領収書を作成していること（振込の場合は不要）
④ 　個人事業者が事業所得で所得税の確定申告をしていること

⑤　個人事業者が消費税の確定申告をしていること（基準期間の課税売上高が1,000万円超等の場合）

（4）取扱いの差異

給与所得に該当するか事業所得に該当するかにより、取扱いが次のように異なります。

区分	給与所得	事業所得	
所得者	消費税の納税義務者にならない	消費税の納税義務者になる	
支払者	課税仕入れに該当しない	課税仕入れに該当する	
源泉徴収	源泉徴収要	報酬・料金等	源泉徴収要
		その他	源泉徴収不要

（5）大工、左官、とび職等の受ける報酬に係る所得税の取扱い等

国税庁は、平成21年12月17日に、「大工、左官、とび職等の受ける報酬に係る所得税の取扱いに関する留意点について（情報）」を公表しました（264ページ参照）。

なお、請負業は、個人事業税の法定業種となっています。そのため、東京都主税局は、「請負業」に該当するかどうかについて、文書照会を行っています（260ページ参照）。

3 出向に伴う給与負担金

(1) 概要

事業者の使用人が他の事業者へ出向した場合には、出向者に対する給与の支給方法として、次の2つのケースがあります。

① 出向元法人が支給し、出向先法人と出向元法人との間で給与負担金を精算する方法
② 出向先法人が直接支給する方法

②の方法の場合には、消費税の課否判定の問題は生じないと思われますが、①の方法の場合には、消費税の課否判定が税務調査で問題になることがあります。

(2) 出向元法人の取扱い

出向者に対する給与を出向元法人が支給することとしているため、出向元法人が出向先法人から給与負担金を受け取った場合には、その給与負担金の額は、次のように課税対象外（不課税収入）となります（消基通5－5－10）。

① 実額相当額以下の場合

出向先法人から次のイ～ニの金額の合計額の範囲内で給与負担金等を受け取った場合には、課税対象外となります。

イ 給料、賞与（給与負担金）
ロ 旅費、通勤費、日当等（旅費等）
ハ 社会保険料の事業主負担金等（福利厚生等）
ニ 退職給与の負担金(相当の理由があるときは精算不要、法基通9－2－50)

② 実額相当額超の場合

出向先法人から上記①のイ～ニの金額の合計額を超える給与負担金等を受け取った場合には、その超える部分の金額は経営指導料として課税売上げに該当

します。

【算式】　経営指導料＝精算額－（給与引当金＋旅費等＋福利厚生費等＋退職給与の負担金）

　ただし、この算式により計算した金額が寄附金に該当する場合には、課税対象外となります。

(3) 出向先法人の取扱い

①　実額相当額以下の場合

　出向者に対する給与を出向元法人が支給することとしているため、出向先法人が給与負担金を出向元法人に支出した場合には、その給与負担金の額は、出向先事業者における出向者に対する給与として取り扱うため、その支払は課税対象外となります。

　ただし、旅費等は出向先法人の事業の遂行上必要なものであることから、その支払は課税仕入れに該当します。

②　実額相当額超の場合

　上記（2）②の算式により経営指導料として計算される金額は、課税仕入れに該当します。

　ただし、この金額が寄附金に該当する場合には、課税対象外となります。

(4) 法人税の役員給与の取扱い

　出向者が出向先法人において役員となっている場合に、次の①と②のいずれにも該当するときは、給与負担金の支出を出向先法人におけるその役員に対する給与の支給として、役員給与（定期同額給与・事前確定届出給与等）の規定を適用します（法基通9－2－46）。

①　その役員に係る給与負担金の額につき、その役員に対する給与として、出向先法人の株主総会、社員総会又はこれらに準ずるものの決議がされていること

②　出向契約等において、その出向者に係る出向期間及び給与負担金の額があらかじめ定められていること

(5) 派遣料の取扱い

① 出向と派遣

出向の場合には、出向者と出向元法人との間に雇用契約があると同時に、出向者と出向先法人との間にも雇用契約（役員の場合は委任契約）があります。

これに対し、労働者の派遣の場合には、派遣社員と派遣先法人との間に雇用関係はありません。

② 消費税の取扱い

派遣の場合の消費税は、出向の場合と異なり、次のように取り扱います。

労働者の派遣を行った事業者（派遣会社）が、派遣先法人から受け取る派遣料等は、課税売上げに該当します（消基通5－5－11）。

派遣先法人が、労働者の派遣を行った事業者に対して支払う派遣料等は、課税仕入れに該当します。

【事例】

当社は、従業員甲氏を子会社に取締役として出向させていますが、出向者甲氏に対する給与を出向元法人である当社が支給することとしています。

当社は、出向先法人から給与負担金・通勤費・社会保険料事業主負担金のそれぞれ実額相当額を受け取っています。

なお、退職給与の負担金はありません。

【回答】

① 関係図

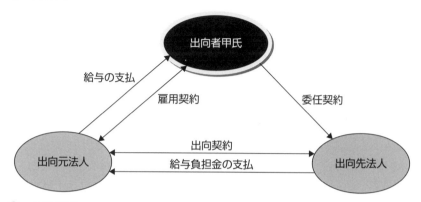

② 会計処理

出向元法人	出向先法人から受取	(現金預金)	×××	(給与負担金収入)	×××
				(通勤費預り金)	×××
				(社会保険料預り金)	×××
	出向者へ支払	(給料手当)	×××	(現金預金)	×××
		(通勤費預り金)	×××	(源泉税預り金)	×××
				(社会保険料預り金)	×××
出向先法人	出向元法人へ支払	(役員給与)	×××	(現金預金)	×××
		(旅費交通費)	×××		
		(仮払消費税)	×××		
		(法定福利費)	×××		

③ 給与負担金

　出向先法人が支出する給与負担金は、課税対象外となります。

　また、給与負担金を受け取る出向元法人においても、課税対象外となります。

④ 通勤費（旅費等）

　出向先法人が出向者の旅費等を出向元法人に支払う場合、その支払は課税仕入れに該当します。

　また、旅費などの実費相当額の支払を受ける出向元法人においては、出向者

に支給すべき旅費等に相当する金額を預かり、それをそのまま出向者に支払うのにすぎないので、課税対象外となります。

⑤ 社会保険料事業主負担金

出向先法人が出向者の社会保険料事業主負担金を出向元法人に支払う場合、その支払は非課税仕入れに該当します。

4 材料の有償支給

建設業や製造業等では、材料の有償支給が行われることがありますが、課税売上げを計上せずに、仕入れから有償支給に係る材料の売上げを相殺した金額を課税仕入れとする誤りが見受けられます。

【事例】

製造業を営むA社は、外注先であるB社と次の取引をしました。

イ B社に材料43,200円を有償支給しました。

ロ B社から部品の納入を受け、129,600円の請求を受けました。

ハ 上記イとロの差額86,400円をB社に支払いました。

【回答】

① 関係図

A 有償支給の場合

B　無償支給の場合

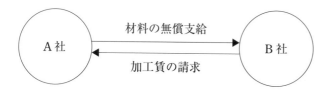

②　会計処理（有償支給の場合）

イ	（売掛金）	43,200	（材料売上）	40,000
			（仮受消費税等）	3,200
ロ	（材料仕入）	120,000	（買掛金）	129,600
	（仮払消費税等）	9,600		
ハ	（買掛金）	129,600	（売掛金）	43,200
			（現金預金）	86,400

③　課税売上げと課税仕入れの両建処理

　本事例の場合、43,200円の税抜金額（40,000円）を課税売上げに計上し、129,600円を課税仕入れに計上します。

5 土地取引を中心とした個別対応方式の算定方法

(1) 概要

土地の取得代金は非課税仕入れですが、仲介手数料と土地造成費は、課税仕入れに該当します。個別対応方式により仕入控除税額を計算する場合に、課税仕入れの区分に誤りが見受けられます。

(2) 課税仕入れの区分

仲介手数料と土地造成費は、仕入れ時の利用目的に応じて、次のように課税仕入れを区分します（消基通11-2-15、11-2-20）。

その土地に自社ビルを建設	課税売上げのみの業務を行う場合	課税売上対応分
	非課税売上げのみの業務を行う場合	非課税売上対応分
	課税・非課税の両方の業務を行う場合	共通対応分
その土地に貸ビルを建設（事業用）		課税売上対応分
その土地に居住用賃貸マンションを建設		非課税売上対応分
その土地に分譲マンションを建設（土地付建物）		共通対応分
転売用の土地		非課税売上対応分
課税期間の末日まで用途未確定		共通対応分

(3) 国税庁 Q&A

国税庁の『「95％ルール」の適用要件の見直しを踏まえた仕入控除税額の計算方法等の関する Q&A〔Ⅱ〕』では、次のような土地取引に関する Q&A を示しています。

【貸ビルを建設する土地の造成費】

(問1－3)

当社は自動車の卸売業を営む会社ですが、S支店が手狭になったので近隣に土地を取得して移転することとしました。新しい支店ビルは、1～3階を当社が店舗として使用し、4階以上を他社へテナントして貸し付けることとしています。この新支店ビルの建設にあたって次の費用を支出しますが、これらの課税仕入れは、個別対応方式により仕入控除税額を計算する場合、課税売上対応分、非課税売上対応分、共通対応分のいずれに該当することになるのでしょうか。

なお、S支店は、課税資産の譲渡等のみを行っている支店です。

○支出する費用

　土地購入あっせん手数料　　540,000円

　土地造成費用　　　　　　10,800,000円

(答)

個別対応方式により仕入控除税額を計算する場合には、課税仕入れ等について、①課税売上対応分、②非課税売上対応分、③共通対応分に区分することとされていますが、この場合の「課税売上対応分」とは、課税資産の譲渡等を行うためにのみ必要な課税仕入れ等をいうこととされています。

また、その課税仕入れ等が課税売上対応分に該当するか否かの判定は、課税仕入れ等を行った日の状況により判定することになります(基通11－2－20)。

質問の新支店の建物は、S支店としての営業活動(課売上げのみを行うもの)及びテナントとしての賃貸(課税売上げ)のために要するものですから、この支店の建築のための一連の費用のうち、課税入れに当たるものは課税売上対応

分に該当します。したがって、土地購入あっせん手数料及び土地造成費用は、いずれも課税売上対応分に該当します。

(出典：国税庁資料)

6 交際費等に係る控除対象外消費税額等の取扱い

(1) 概要

　交際費等に係る控除対象外消費税額等を、法人税申告書別表15の支出交際費等の額に含めないで損金不算入額の計算をしている誤りが見受けられます。

(2) 法人税の損金不算入額（平成26年度改正）

　平成26年4月1日から平成28年3月31日までの間に開始する各事業年度において支出する交際費等の額のうち、次の金額を超える部分の金額は、損金の額に算入しません（措法61の4①②）。

① 　資本金1億円超の法人…接待飲食費の額の50％相当額
② 　資本金1億円以下の法人…①又は年800万円

(3) 交際費等に係る消費税額等の取扱い

　次の表のように、税抜経理をした場合の交際費等に係る控除対象外消費税額等は、支出交際費等の額に含めて損金不算入額の計算をします（消費税法等の施行に伴う法人税の取扱いについて12）。

交際費等に係る消費税額等の区分		取扱い
税抜経理	控除対象消費税額等	交際費等の額に含めない
	控除対象外消費税額等	交際費等の額に含める

第9章 消費税の個別調査のポイント

税込経理	交際費等の額に含める

【事例】

当社（資本金1,000万円）の当課税期間（平成26年4月1日～平成27年3月31日）の消費税に関する資料（税抜経理）は、次のとおりです。

個別対応方式により仕入控除税額を計算する場合において、年800万円の定額控除限度額を適用するときの「交際費等の損金不算入額」はいくらになりますか。

〈資料〉

① 交際費勘定の内訳

区　分	税抜金額	消費税額等
課税仕入れ等 イ 課税売上対応分 ロ 非課税売上対応分 ハ 共通対応分	2,000千円 800千円 1,000千円	160千円 64千円 80千円
非課税・不課税	4,700千円	／
合　計	8,500千円	304千円

② 課税売上割合　94％

【回答】

① 交際費等に係る控除対象外消費税額等

イ　非課税売上対応分

　　64千円

ロ　共通対応分

　　80千円×（1－0.94）＝4.8千円

ハ　合計

　　イ＋ロ＝68.8千円

② 支出交際費等の額

8,500千円 + 68.8千円 = 8,568.8千円

③ 損金算入限度額

$8,000千円 \times \dfrac{12月}{12月} = 8,000千円$

④ 損金不算入額

② − ③ = 568.8千円

消費税のアラカルト 第10章

1 消費税が10%になれば税務調査の内容も変わる？

　ついに、平成26年4月1日から消費税率が8％に引き上げられました。そして、今のところ平成29年4月1日から10％に引き上げられる予定です。

　一般的に消費税の税務調査は、通常法人税の税務調査と同時に行われます。これは、法人税調査における否認事項が消費税の否認事項にもつながることが多いからです。また、調査対象資料も重複するため、2度の税務調査をするより一度で済ませた方が、時間と手間も省けるからです。

　しかし、消費税率の引上げにより、消費税の税務調査も大きく変わる可能性があります。消費税の納税額が大きく跳ね上がり、法人税上は益金が生じない赤字法人でも、消費税は課税され、納税義務が生じます。そのため、国税庁や税務署は、ここを見逃す筈はなく、消費税の税務調査件数の比率はかなり高くなるものと予想されます。そして、今後は、大企業のみならず、中小企業にも消費税の税務調査が増えることとなると思われますので、その準備をする機会が大いに出てきそうです。

2 今後は帳簿と請求書等の書類の整備が重要になる？

　さらに、消費税法では、①帳簿の記載と②帳簿及びその取引に係る請求書等（請求書・領収書・納品書その他の取引の事実を証する書類）の保存が仕入税額控除をすることができる条件となっています。たとえ、仕入れ等を行ったという事実があったとしても、その取引についての「帳簿の記載」と「請求書等の保存」がなければ、仕入税額控除ができないこととなり、消費税の全額をま

るまる納税しなければならないことになってしまいます。

消費税の税務調査の比率が高まれば、今後の税収確保のためにも企業や個人事業者などの納税者に対して適正な会計処理が要求されることになり、今まで以上に帳簿と請求書等の書類の保存や整備を厳しくチェックしてくるものと思われます。今から、そのために、帳簿や請求書等の書類の保存をきっちりと行い、その整備や準備を進めておく必要があります。

3 95％ルール改正の影響と今後の問題点

事業者の事務の負担等を少しでも軽減する意味からも、事業全体の売上高に基づく課税売上割合を基に、仕入税額控除の対象となる消費税額の計算をすることができるように配慮した簡便法が設けられています。具体的には、専ら課税売上げを行う場合として、課税売上割合が95％以上である場合には、その課税期間中の課税仕入れ等に係る消費税額が課税売上げに対応するものか否かの厳密な区分を行うことを要せず、全額を仕入税額控除の対象として認めようというものです。この方法を、「95％ルール」といっています。

(注) 平成24年4月1日以後に開始する課税期間からは、その課税期間における課税売上高が5億円を超える事業者については、個別対応方式か一括比例配分方式のいずれかで仕入控除税額を計算しなければならなくなりました。

一方、課税売上割合が95％未満の場合及び課税売上高が5億円を超える事業者に該当する場合の仕入控除税額の計算は、以下のように行います(消法30②)。

① 個別対応方式

　　仕入控除税額＝課税売上対応分に係る消費税額＋（共通対応分に係る消費税額課税売上割合×課税売上割合）

② 一括比例配分方式

仕入控除税額＝その課税期間中の課税仕入れ等に係る消費税額の合計額×課税売上割合

(1) 95％ルールの適用要件の見直しの概要

　改正前の95％ルールは、事業者の事務負担等に配慮する観点から導入された制度であるにもかかわらず、その課税期間における課税売上割合が95％以上である全ての事業者に一律に認められていましたが、制度の本来の趣旨を踏まえ、対象者を、引き続き事務負担に配慮する必要があると考えられる一定規模以下の事業者に限定して適用することとされました（消法30②）。

　具体的には、95％ルールの適用対象者をその課税期間における課税売上高が5億円以下の事業者に限ることとし、他方で当該課税売上高が5億円を超える事業者については、課税売上割合が95％以上であっても、仕入控除税額の計算に当たっては、個別対応方式か一括比例配分方式のいずれかの方法で計算するようにしました。

　この場合の「課税期間における課税売上高」とは、その課税期間中における消費税が課税される取引の売上金額（税抜き）と、輸出取引などの免税売上金額の合計額をいい、売上返品、売上値引や売上割戻し等に係る金額がある場合には、これらの合計額（税抜き）を控除した残額（消法第28条第1項に規定する対価の額）をいいます（消法30⑥）。

(2) 課税売上高5億円の判定期間

　「その課税期間における課税売上高が5億円を超える」か否かは1年間の課税売上高によって判定することとなりますので、例えば、事業年度が6か月である場合や課税期間の特例（消法19①三〜四の二）の適用を受けている場合など、その課税期間が1年に満たない場合には、その1年に満たない課税期間における課税売上高を1年間の課税売上高に年換算した金額（当該課税期間の月数で除し、これに12を乗じて計算した金額）とすることとされています。これ

は、仮決算による中間申告書を提出する場合も同様です。

なお、事業者免税点制度等の中小事業者向け特例措置のように「基準期間における課税売上高」により判定するのではなく、課税売上割合が95％以上か未満かの判定をする場合と同様に、あくまで仕入控除税額を計算する対象期間となる課税期間における課税売上高により判定するものであることに留意が必要です。

上記の改正は、平成24年4月1日以後に開始する課税期間から適用されています（平23年6月改正法附則22③）。

(3) 課税売上割合の計算

課税売上割合とは、その課税期間中に国内において行った資産の譲渡等の対価の額（税抜き）の合計額に占める課税資産の譲渡等の対価の額（税抜き）の合計額の割合をいいます（消法30⑥）。

【課税売上割合の計算】

$$課税売上割合 = \frac{課税資産の譲渡等の対価の額（税抜き）の合計額}{資産の譲渡等の対価の額（税抜き）の合計額}$$

この場合の資産の譲渡等の対価の額及び課税資産の譲渡等の対価の額については、それぞれ売上げに係る対価の返還等の金額（輸出取引に係る返還等の金額を含みます。いずれも税抜きです。）を控除した残額によることとなります（消令48①）。

課税売上割合を計算する場合における国内において行った資産の譲渡等の対価の額又は課税資産の譲渡等の対価の額には、輸出取引に係る対価の額は含まれ、国外取引に係る対価の額は含まれません。また、非課税資産の輸出額（有価証券、支払手段、金銭債権の輸出額を除きます。消令51①）及び資産の海外支店等への転送輸出に係る輸出額に相当する額も、課税売上割合を計算する場合の資産の譲渡等の対価の額及び課税資産の譲渡等の対価の額に含まれること

とされています（消法31、消令51②③）。

なお、課税売上割合の分母となる（資産の譲渡等の対価の額の合計額）の計算については、次の①から③の特例が設けられています（消令48）。

① 資産の譲渡等の対価の額の全額を分母に算入しないもの（消令48②）

 イ　通貨、小切手等の支払手段の譲渡については、売上げの二重計上を排除するため、これらに係る対価の額は、課税売上割合の計算上、資産の譲渡等の対価の額に含めないこととされています。

 ロ　資産の譲渡等の対価として取得した金銭債権（いわゆる売掛債権等）の譲渡については、売上げの二重計上を排除するため、その譲渡等の対価の額は、課税売上割合の計算上、資産の譲渡等の対価の額に含めないこととされています。

 ハ　国債、地方債及び社債並びに譲渡性預金証書等（現先取引債券等）を予め約定した期日に予め約定した価格等で買い戻すことを約して譲渡し、かつ、その約定に基づきその現先取引債券等を買い戻す場合におけるその現先取引債券等の譲渡については、資金の借入れと同じ効果を持つものですから、これに係る対価の額は、課税売上割合の計算上、資産の譲渡等の対価の額に含めないこととされています。

② 資産の譲渡等の対価の額の一部の金額を分母に算入するもの（消令48③〜⑤）

 イ　現先取引債券等を予め約定した期日に予め約定した価格で売り戻すことを約して購入し、かつ、その約定に基づき売り戻す場合における対価の額は、その現先取引が利子を得る目的で行う金銭の貸付けと類似することから、課税売上割合の計算における資産の譲渡等の対価の額となるのは、売戻しに係る対価の額から購入に係る対価の額を控除した残額とされています。

 ロ　貸付金その他の金銭債権の譲受け等をした場合の対価の額は、利子（償還差益、譲り受けた金銭債権の弁済を受けた金額とその取得価額との差額その他経済的な性質が利子に準ずるものを含みます。）の金額とされてい

ます。

ハ 消費税が非課税となる有価証券等を譲渡した場合（現先取引に該当するものを除く。）には、課税売上割合の計算上、資産の譲渡等の対価の額に算入する対価の額は、その有価証券等の譲渡の対価の額の5％に相当する金額とされています。

③ **分母から控除するもの（消令48⑥）**

国債等について償還差損が生ずる場合には、課税売上割合の計算上、その償還差損は資産の譲渡等の対価の額から控除することとされています。

④ **課税売上割合を計算する上での注意点**

イ 課税売上割合は、事業者がその課税期間中に国内において行った資産の譲渡等の対価の額（税抜き）の合計額に占める課税資産の譲渡等の対価の額（税抜き）の合計額の割合とされていますから、課税売上割合の計算を事業所単位又は事業部単位等で行うことは認められません（消基通11－5－1）。

ロ 消費税が不課税となる見舞金、祝金、寄附金、保険金、配当金又は補助金等は、課税売上割合の計算上、分母及び分子のいずれにも算入しません。

ハ いわゆる信用取引による有価証券の譲渡は、それが現物を伴う取引であることについては通常の現物取引と異なるものではありませんから、その有価証券の譲渡の対価の額の5％に相当する金額を分母に算入することとなります（消令48⑤）。

ニ 金銭の貸付けは非課税取引ですが、非居住者に対する金銭の貸付けのように輸出取引等に該当するもの（消令17③）で、その証明がされたものは、課税資産の譲渡等に係る輸出取引等として取り扱うこととされています（消法31①）。したがって、課税売上割合の計算上、非居住者に対する金銭の貸付け等である旨の証明がされるものに係る貸付金の利子については、課税資産の譲渡等の対価として、分子にも算入します（消令51②）。

ホ 有価証券、支払手段、金銭債権の輸出は、課税資産の譲渡等に係る輸出

取引とみなすものには含まれませんから、課税売上割合の計算上、分子には算入しないこととなります（消法31①、消令51①）。

ヘ　相続、合併、分割等があったことにより、課税期間の中途で課税事業者となった場合の相続人、合併法人、新設分割子法人又は分割承継法人の課税売上割合の計算は、それぞれ課税事業者となった後の資産の譲渡等の対価の額の合計額及び課税資産の譲渡等の対価の額の合計額を基礎として計算することとなります（消基通11－5－3）。

ト　課税売上割合を計算する場合における国内において行った資産の譲渡等の対価の額又は課税資産の譲渡等の対価の額には、輸出取引に係る対価の額は含まれますが、国外取引に係る対価の額は含まれません（消基通11－5－4）。

チ　輸出取引に係る対価の返還等を行った場合には、課税売上割合の計算上、資産の譲渡等の対価の額及び課税資産の譲渡等の対価の額から、それぞれ輸出取引に係る対価の返還等の金額を控除することとなります（消基通11－5－5）。

リ　課税売上割合については、原則として、端数処理は行いませんが、事業者がその生じた端数を切り捨てているときは認められます（消基通11－5－6）。

(4) 95％ルール改正による今後への課題と検討

　一般的に、卸売・小売業や製造業、サービス業などの企業は課税売上割合が95％以上になりますので、仮受消費税額から仮払消費税額の全額を控除して算出していました。一方、金融業や不動産業、医療機関などの本業の売上げが非課税売上高である場合、課税売上割合が低くなるため、仮払消費税の計算は個別対応方式か一括比例配分方式かを選択することになっていました。

　これが、改正後は課税売上高が5億円超か否かという条件が付いたことによって、課税売上割合が95％以上であっても、課税売上高が5億円超の企業は

個別対応方式か一括比例配分方式かを選択して、仮払消費税の計算しなければならなくなりました。

　仮払消費税は95％ルールを考慮し簡素化して計算すると、本来納付すべき税金が納付しなくてもよい益税として算出されることとなってしまいます。そのため、改正前は企業規模に関係なく適用されていたため、取引の大きい大企業などは益税とされる金額も多額となってしまっており、不公平となっていました。

| 課税売上割合95％以上 | ⇒ | 全額控除できる |
| 課税売上割合95％未満 | ⇒ | 個別対応方式か一括比例配分方式かを選択 |

【課税売上割合の計算】

$$売上課税割合 = \frac{（課税売上高（税抜）＋免税売上高）}{（課税売上高（税抜）＋非課税売上高＋免税売上高）}$$

　また、大事な点は、まず、課税売上割合が正確に算出されているかどうかという点です。卸売・小売業や製造業、サービス業などの一般的な企業は課税売上割合が95％未満になることはないと言われているため、高を括って課税売上割合を厳密に計算していない企業が多いと思います。しかし、今後は課税売上高や免税売上高、非課税売上高を正確に集計した上で、課税売上割合を算出しなければならなくなります。

　そのためには、売上高を課税と免税、非課税に区分する際に、非課税売上高のチェックを厳密に行うことが必要となります。例えば、従業員から収受する社宅家賃について、これを課税対象要因の「事業者が事業として行うものであること」に反しているとして、「不課税売上高」とすることは誤りです。本来は、非課税売上高の「土地の貸付け」の条件のうち、家屋を含む土地の貸付けとし、「非課税売上高」としなければなりません。結局はどちらも課税にはなりませんが、課税売上割合を求めるためには間違えた区分をしていないかを厳

密にチェックしていく必要があります。

次に、個別対応方式又は一括比例配分方式の計算ができるかという点です。一括比例配分方式を適用する場合、課税売上割合を正確に算出していれば、そもそもの売上高の区分がしっかりできていることになるため、特に影響はありません。しかし、個別対応方式を適用する場合は、課税仕入れ等のすべてを「課税売上げ対応分」と「非課税売上げ対応分」、「共通対応分」の3つに区分する必要があるため、仮払消費税を正確に集計しなければなりません。

そのためには、帳簿と請求書等のほかに補足資料として、取引先の連絡先や購入商品についての詳細を記載した「買掛・未払一覧表」を作成しなければならなくなります。

以上のことから、今後ますます増税されていく消費税率に伴って、企業規模が大きければ大きいほど、企業が納める消費税額の計算が複雑化していき、容易に計算できるほど簡単なものではなくなってきます。そのため、税理士事務所や会計事務所との連携をより深めておくことで、消費税だけにとどまらず、所得税や法人税等の改正時にも、親身になって協力してくれるような関係作りをしておくことが大事です。そうすれば、今度大規模な改正があった場合にも、安心して会社経営ができると思います。

実務家として事前に準備しておくべきことは、次のとおりです。

① 個別対応方式が有利か、一括比例配分方式が有利か試算する
② 個別対応方式を適用する場合、経理担当者ほか会計処理に関わる全員に区分方法を理解させ、必要に応じ勉強会やマニュアルの作成（更新）などを実施する
③ 会計システムにより会計処理を行っている場合には、当該システムが個別対応方式による入力及び計算に対応しているか確認する

これらの対応が困難である場合、一括比例配分方式を適用せざるを得ない

ケースも考えられます。

各課税期間の個別対応方式・一括比例配分方式による仕入控除税額があまり変わらない場合においても、翌課税期間以後に土地や有価証券の売却など多額の非課税売上が生ずる見込があるときは、個別対応方式の検討が必要です。

4 消費税95％ルール改正への実務対応

上述しましたが、平成24年度税制改正前では、売上げが95％以上の場合、課税売上げとして見なされ、その全額が仕入税額控除として認められていました。これを「95％ルール」といいますが、この95％ルールを適用した場合には、本来、仕入税額控除が適用されない部分まで仕入税額控除が可能となり、本来の税額に比べ納付税額等が減少する「益税」が発生してしまいました。

そこで、この「益税」をなくすため、平成24年度税制改正で、平成24年4月1日以後に開始する課税期間からは、課税売上高が5億円超の場合には、その事業者については95％ルールの適用はできないことにしました。

95％ルールの適用ができなくなると、「一括比例配分方式」「個別対応方式」のいずれかを選択して税額計算をしなければならなくなります。

また、「個別対応方式」を選択した場合は、必ず、個々の課税仕入れの取引について消費税のその用途区分を「課税売上げ対応分」と「非課税売上げ対応分」、「共通対応分」の3つに区分に細分化して把握する必要があります。その際に、今までのシステムの変更やその対応について、大変な労力と手間が必要だったと思いますが、ここをきちんとしていないと、税務調査では、問題視されますので注意してください。日々の経理処理の際にもこの点は十分に注意して処理する必要があります。

(1)「一括比例配分方式」「個別対応方式」の有利・不利判定

　ところで、普通の事業者の場合、「非課税売上げにのみ要する課税仕入れ」はほとんどなく「課税売上げにのみ要する課税仕入れ」の割合がかなり高いと思われます。そんな場合には、「個別対応方式」が有利になるかもしれません。

　しかし、たとえ、「個別対応方式」の選択が有利と思われても、消費税の用途区分を課税、非課税、課税非課税共通の3区分ができない場合や、システムの対応が追い付かないなどの場合には、「一括比例配分方式」を選択することになるでしょう。その「一括比例配分方式」をいったん選択したら、2年間以上は継続しなければならず、「個別対応方式」が選択ができないことになりますので、慎重に検討する必要があります。

　よく聞くケースでは、オーソゾックスな場合では課税売上高10億円程度の事業者の場合、「一括比例配分方式」と「個別対応方式」の税負担による差は、1年間あたり30〜50万円程度の差になると言われています。今後、8％、10％と消費税率が引き上げられれば、その差が倍ぐらいに跳ね上がることとなるため、「個別対応方式」を選択できないデメリットはかなり大きなものとなります。

　そして、このデメリットは、消費税が続く限り将来にわたって続きますので、注意が必要です。

(2)「課税売上げ」と「非課税売上げ」に共通して要する課税仕入れとは

　非課税売上げが1円でも生じたら、何が何でもすべての経費が「課税売上げと非課税売上げに共通して要する課税仕入れ」に区分しなければならないのかといいますと、そうではないと思います。

　大事なことは、まず「課税売上げにのみ要するもの」と「非課税売上げにのみ要するもの」のいずれに該当するかを考え、いずれにも該当しないものだけを「共通して要する課税仕入れ」に区分すればよいこととなります。

　その区分ができないもののみ「課税売上げと非課税売上げに共通して要する

課税仕入れ」に区分することになります。

(3) 部門別管理の徹底が、個別対応方式選択にも有効

上述の事例にもあるとおり、消費税の個別対応方式を選択する際には、支出内容等を明確にすることと、どの部門に帰属する支出なのかを明確にすることが消費税額の適正化に当たって有効です。またその明確化や検証に当たっては、会計システムで部門等をきちんと分け部門別の「消費税額集計表」等を利用し課税区分が適正であるかどうかを検証することが必要になります。それが会社の部門別業績管理体制の強化にもつながると思われます。

つまり、部門別の損益管理を徹底し、それを消費税の課税区分の管理にも使うというような一石二鳥の考え方ができると言えるでしょう。

5 消費税率引上げと総額表示義務

1 総額表示制度の創設

消費税法第63条の規定は、「事業者（免税事業者を除く）は、不特定かつ多数の者に課税資産の譲渡等を行う場合において、あらかじめ課税資産の譲渡等にかかる資産等の価格を表示するときは、当該資産等に係る消費税額および地方消費税額の合計額に相当する金額を含めた価格を表示しなければならない」としています。

したがって、総額表示の義務を負うのは、課税事業者のみであり、免税事業者は、この義務を負ってはいません。

また、対象となる取引は、「不特定かつ多数の者」を対象として行う取引であり、特定の者との間で個々の契約や注文に応じて行われる取引はこれに該当せず、総額表示の対象とはなりません。

ただし、不特定かつ多数の者に対する取引であっても、それが専ら他の事業者に課税資産の譲渡等を行う場合にあっては、総額表示の対象から除くこととされています。

そもそも、総額表示制度は、消費者との取引を対象とするものですが、事業者サイドからしますと、小売業とはいえ、取引相手が消費者か事業者かを判別することは困難であることから、不特定かつ多数の者との取引を行う場合との規定振りにしたものといえます。

したがって、仮に、不特定かつ多数の者との取引を行う場合であっても、それが専ら事業者との取引を行う場合に該当すれば、総額表示制度の対象外にするということです。

2 総額表示の方法

イ　総額表示の具体的な表示方法――

次のように「税込価格」が表示されている必要があります。

①　10,800円
②　10,800円（税込）
③　10,800円（税抜価格10,000円）
④　10,800円（うち消費税額等800円）
⑤　10,800円（税抜価格10,000円、消費税額等800円）

ロ　総額表示の対象となる表示媒体

具体的には、次のようなものが該当します。

①　値札、商品陳列棚、店内表示による価格の表示
②　商品パッケージなどへの印字あるいは貼付した価格の表示
③　チラシ、パンフレット、商品カタログなどによる価格の表示
④　新聞、雑誌、テレビ、インターネットホームページ、電子メールなど

の媒体を利用した広告
⑤　ポスター、看板などによる価格の表示

　なお、総額表示の義務付けは価格表示を行う場合を対象とするものであり、価格表示を行っていない場合について表示を強制するものではありません。また、口頭によるもの、見積書や契約書又は決済段階で作成される請求書や領収書は、総額表示義務の対象とはなりません。

③ 消費税率の引上げに伴う総額表示制度の特例

　今回の消費税法の改正により、平成26年4月1日から地方消費税を併せた消費税率が8％に引き上げられ、平成27年10月1日からは10％に引き上げられることが予定されています。

　この改正に伴い、消費税の納税義務者である事業者保護のための法律が制定されました。それが、消費税の円滑かつ適正な転嫁の確保のための消費税の転嫁を阻害する行為の是正等に関する特別措置法です。

　この法律の目的とするところは、消費税は、物やサービス等の価格に転嫁され、最終的には消費者が負担することになる税ですが、各取引段階の価格に消費税を転嫁することができなかった場合、転嫁できなかった部分を事業者が負担しなければならなくなることを防ぎ、消費税を円滑かつ適正に転嫁できるように、転嫁を阻害する行為を是正することおよび短期間のうちに2回の引上げが行われることから、事業者の値札の貼り替えなどの事務負担への配慮にあります。

　この法律で定める特別措置は、
①　消費税の転嫁拒否等の行為の是正に関する特別措置
②　消費税の転嫁を阻害する表示の是正に関する特別措置
③　価格の表示に関する特別措置
④　消費税の転嫁および表示の方法の決定にかかる共同行為に関する特別措

置
を4本柱として構成されています。そして、ご質問の総額表示の特例は、③の価格の表示に関する特別措置で規定しています。

4 総額表示制度の特例の内容

上記 3 の特別措置法による価格の表示に関する特例の内容は次のとおりです。

① 平成25年10月1日から平成29年3月31日までの間において、「現に表示する価格が税込価格であると誤認されないための措置を講じている」場合に限り、税込価格（総額表示のこと）を表示しなくてもよい。

ただし、この特例は、平成29年3月31日までの時限規定であり、それ以後は、総額表示に戻す必要があります。なお、できるだけ速やかに税込価格（総額表示）を表示するとする努力義務も規定されています。

② 事業者が税込価格に併せて、税抜価格を表示する場合において、税込価格が明瞭に表示されているときは、景品表示法に定める不当表示の規定は適用しない。

なお、上記 3 の④は、価格表示の方法に関して、事業者又は事業者団体が共同で決定することができるという私的独占の禁止及び公正取引の確保に関する法律の適用除外の措置です。具体的には、消費税の転嫁の方法の決定に関する共同行為である転嫁カルテルおよび商品等の価格について、カルテルに参加した事業者が統一的な表示方法を採る表示カルテルが独占禁止法の適用除外とされました。

ただし、これらのカルテルを組むには、事前に公正取引委員会に届け出ることが条件になります。

6 交際費等の損金不算入額を算出する場合における消費税等の取扱い

(1) 税込経理方式の場合

　税込経理方式を選択適用している場合には、消費税等込みの価額を交際費等として計上していますので、その消費税等込みの交際費等の額を基に損金不算入額を計算します。

(2) 税抜経理方式の場合

　税抜経理方式を選択適用している場合には、消費税等は仮払消費税等として経理され、消費税等抜きの価額を交際費等として計上しますので、その消費税等抜きの交際費等の額を基に損金不算入額を計算します。

　ただし、その事業年度において、課税期間中の課税売上高が5億円超又は課税売上割合が95％未満となったときに、仕入税額控除ができなかった消費税等の額（以下「控除対象外消費税額等」といいます。）がある場合には、消費税等抜きの交際費等の合計額に、交際費等に係る消費税等の額のうちその控除対象外消費税額等の額に相当する金額を加えた額を交際費等の額として、交際費等の損金不算入額を計算します。

　法人税においては、交際費等はよく税務調査対象となり、この控除対象外消費税の取扱いについては、会計処理においても経費処理されているため、法人税の計算上損金算入されてしまう場合があります。そこで、忘れずに控除対象外消費税等の発生した事業年度で、その支出交際費に含めて交際費等の損金不算入額を計算するようにしましょう（136ページ参照）。

【参考】控除対象外消費税額等の取扱い

> 消費税法上、課税売上割合が95％未満の場合には、仮払消費税等の額の一部が税額控除の対象とならず、控除対象外消費税としてそのまま残ります。
> この控除対象外消費税額等のうち資産に係る控除対象外消費税等については、これを「繰延消費税額等」として資産計上し、5年以上の期間で償却することとされていますが、一定の要件に該当する場合には、一時の損金算入又は全額必要経費として経理することが認められます。
> また、資産に係る控除対象外消費税等の全額について、個々の資産の取得価額に算入する経理処理も認められます。

控除対象外消費税等	資産に係るもの	課税売上割合が80％以上である場合	（法人税）損金経理を要件として損金算入 （所得税）全額必要経費算入
		棚卸資産に係るもの	
		一の資産に係るものの、金額が20万円未満のもの	
		繰延消費税等（上記のもので、損金経理による損金算入を行わなかったものを含みます）	（法人税）5年以上の期間で損金経理により損金算入 （所得税）6年間で償却
	経費にかかるもの		（法人税）損金算入 ただし、交際費に係るものは、損金不算入の規定の適用があります。 （所得税）全額必要経費算入

第10章　消費税のアラカルト

〈記載例〉

交際費等の損金算入に関する明細書		事業年度	：　．	法人名		別表十五　平二十六・四・一以後終了事業年度分
支出交際費等の額 （8の計）	1	×××　×××　円	損金算入限度額 (2)又は(3)		4	×××××　円
支出接待飲食費損金算入基準額 （9の計）× 50/100	2					
中小法人等の定額控除限度額 ((1)の金額又は800万円× 相当額のうち少ない金額)	3	×××　×××	損金不算入額 (1)-(4)		5	×××　×××

支　出　交　際　費　等　の　額　の　明　細

科　　目	支　出　額	交際費等の額から控除される費用の額	差引交際費等の額	(8)のうち接待飲食費の額
	6　　　円	7　　　円	8　　　円	9　　　円
交　際　費	××××××	×××　×××	×××　×××	×××　×××
控除対象外消費税額等	×××　×××	×××　×××	×××　×××	×××　×××

7 届出書の提出義務にはどのようなものがあるか

　事業者は、次に掲げる要件等に該当することとなったときは、納税地の所轄税務署長に、その事実を記載した次に掲げる届出書を提出しなければなりません。

届出書名	様式No.	提出することとなる要件等	根拠条文	提出期限
消費税課税事業者届出書（基準期間用）	3-(1)	基準期間における課税売上高が1,000万円を超えることとなった場合	消法57①一	速やかに

届出書		提出を要する場合	根拠条文	提出時期
消費税課税事業者届出書（特定期間用）	3-(2)	特定期間における課税売上高が1,000万円を超えることとなった場合	消法57①一	速やかに
消費税の納税義務者でなくなった旨の届出書	5	基準期間における課税売上高が1,000万円以下となった場合（課税事業者が免税事業者となった場合）	消法57①二	速やかに
事業廃止届出書	6	課税事業者が事業を廃止した場合	消法57①三	速やかに
個人事業者の死亡届出書	7	課税事業者が死亡した場合	消法57①四	速やかに
合併による法人の消滅届出書	8	課税事業者である法人が合併により消滅した場合	消法57①五	速やかに
消費税の新設法人に該当する旨の届出書	10-(2)	基準期間がない事業年度の開始の日における資本又は出資の金額が1,000万円以上である法人に該当することとなった場合	消法57②	速やかに
消費税課税事業者選択届出書	1	免税事業者（基準期間における課税売上高1,000万円以下の者）が課税事業者となることを選択する場合	消法9④	適用課税期間の開始の日の前日
消費税課税事業者選択不適用届出書	2	課税事業者の選択をやめる場合（ただし課税事業者を選択し	消法9⑤⑥⑦⑧	適用をやめようとする課税

		た場合2年間は継続適用しなければならない。また、調整対象固定資産を取得した場合は3年間は継続適用となる。)		期間の開始の日の前日
消費税課税期間特例選択・変更届出書	13	課税期間の短縮を選択する場合又は短縮課税期間を変更する場合	消法19①三〜四の二	適用課税期間の開始の日の前日
消費税課税期間特例選択不適用届出書	14	課税期間短縮の選択をやめる場合(ただし課税期間の短縮を選択した場合2年間は継続適用しなければならない。)	消法19③⑤	適用をやめようとする課税期間の開始の日の前日
消費税異動届出書	11	納税地等に異動があった場合	消法25	遅滞なく
消費税簡易課税制度選択届出書	24	簡易課税制度の適用を受ける場合	消法37①	適用課税期間の開始の日の前日
消費税簡易課税制度選択不適用届出書	25	簡易課税制度の適用をやめる場合(ただし簡易課税制度を選択した場合2年間は継続適用しなければならない。また、調整対象固定資産の取得後3年間は継続適用となる。)	消法37②③④⑤⑥	適用をやめようとする課税期間の開始の日の前日
消費税課税売上割	23	承認を受けた課税売	消法30③	適用をや

合に準ずる割合の不適用届出書		上割合に準ずる割合の適用をやめようとする場合	めようとする課税期間の末日まで

【参考通達】

様式通1~3号様式、5~8号様式、10-(2)号様式、11号様式、13号様式、14号様式、23~25号様式

《消費税課税事業者届出書の提出の例（法人の例）》

	24.1	25.1	26.1	27.1	28.1
課税売上高	平成24年 950万円	平成25年 1,100万円	平成26年 1,050万円	平成27年 1,200万円	
納税義務	免除	免除	免除	課税	

★ 課税売上高が1千万円を超え、2年後に課税事業者になることが分かった時点で、速やかに届け出なければなりません（法57①一）。

8 承認を受けなければならないのは、どのような場合か

課税事業者は、次に掲げる場合には、納税地の所轄税務署長又は保税地域の所轄税関長の承認を受けなければなりません。

【国内取引関係】

申請書名	様式No.	承認が必要な場合	根拠条文	承認申請期間、効力発生時期等
消費税課税事業者選択（不適用）届出に係る特例承認	33	課税事業者選択届出書又は選択不適用届出書を災害等により	消令20の2③	災害等がやんだ日から2月以内（課税事業者選

申請書		適用を受けようとする課税期間の初日の前日までに提出できなかった場合		択（不適用）届出書と併せて提出）
消費税簡易課税制度選択（不適用）届出に係る特例承認申請書	34	簡易課税制度選択届出書又は選択不適用届出書を災害等により適用を受けようとする課税期間の初日の前日までに提出できなかった場合	消令57の2③	災害等がやんだ日から2月以内（簡易課税制度選択（不適用）届出書と併せて提出）。
災害等による消費税簡易課税制度選択（不適用）届出に係る特例承認申請書	35	災害等の生じた課税期間等について簡易課税制度の適用を受けることが必要となった又は受ける必要がなくなった場合	消法37の2②	災害等がやんだ日から2月以内（簡易課税制度選択（不適用）届出書と併せて提出）
消費税課税売上割合に準ずる割合の適用承認申請書	22	課税売上割合に代えて課税売上割合に準ずる割合を用いて仕入控除税額を計算しようとする場合	消法30③	承認を受けようとする日（承認を受けた日の属する課税期間から適用）

9 平成22年度税制改正による改正事項

　課税仕入れに係る消費税額は、棚卸資産、固定資産を問わず課税仕入れ等を行った日の属する課税期間において、即時一括控除することが原則となっています。しかし、固定資産等のように長期間にわたって使用されるものについては、課税仕入れを行ったときの状況のみで税額控除を完結させてしまうことは、

その後の資産の使用形態の変更（転用）やその後の課税売上割合の著しい変動を考慮すると必ずしも適切な方法であるとは言えません。

そこで、消費税法では、一定の固定資産について、3年という期間に限り、一定の方法により仕入れに係る消費税額を調整することとしています。これを調整対象固定資産に係る仕入れ税額の調整といいます。調整対象固定資産とは、棚卸資産以外の資産で税抜きの当該資産の課税標準である金額が100万円以上のものを言います。

課税事業者が取得した調整対象固定資産に係る課税仕入れ等の税額につき、一括比例配分方式及び個別対応方式の共通部分の課税仕入れ等の税額のうちの控除対象仕入税額を課税売上割合による按分計算で求める方法により控除対象仕入税額を計算した場合等において、その者が、取得の日を含む課税期間の開始の日から3年を経過する日の属する課税期間（第3年度の課税期間）の末日において、当該固定資産を有しており、かつ、第3年度の課税期間における通算課税売上割合が、その固定資産の取得時の課税期間における課税売上割合に比して著しく増加したときは、一定の仕入税額控除を調整しなければなりません。

平成22年4月1日以後開始する課税期間から課税事業者が強制される期間中に100万円以上の調整対象固定資産の課税仕入れを行い一般課税で申告した場合には、課税仕入れを行った課税期間から3年間免税事業者になることや簡易課税制度を適用することはできません。

法人成りをした場合には、事業内容に変更がないため、外形的には従前と同じようにみえますが、個人事業者と法人は全く別の事業者となります。その為、個人事業者が提出した各種届出書等は法人成りをした段階で無効となります。また個人事業者が所有していた資産を法人成りした際に引き継いだ場合には、個人事業者が法人に中古資産の譲渡等を行ったものとされ課税されることとなります。

調整対象固定資産に該当するものとは、一取引単位の購入価額が税抜き100

万円以上の建物や車両、機械等をいいます（棚卸資産を除きます。）。

　個人事業者が法人に資産を無償で譲渡した場合には、法人税法上は譲り受けた法人に受贈益を生じることとなりますが、消費税については対価の額が０円であるため調整対象固定資産には該当しないことになります。

　以下、新設（法人成りを含む）をした法人のケース毎の取扱い事例を説明いたします。

【事例1】 資本金1,000万円未満の新設法人が、事業年度終了までに課税事業者となり、その第1期目に調整対象固定資産の課税仕入れを行い一般課税で申告した場合

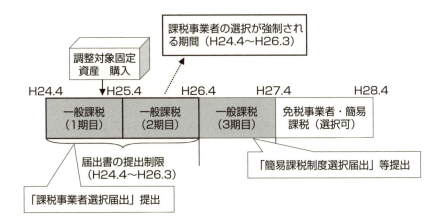

　資本金1,000万円未満の新設法人ですので、原則、免税事業者となり申告する必要はありませんが、あえて「課税事業者選択届出書」を提出して、一般課税の選択してその強制課税期間中の平成24年4月から平成26年3月までに「調整対象固定資産」を購入し課税仕入れを行った事例です。

　平成22年度の税制改正で、課税仕入れを行った日の属する課税期間の初日から3年間の平成24年4月から平成27年3月までは、課税事業者が強制され、課税方式は一切変更することができません。

　例え、調整対象固定資産の仕入の日の属する課税期間の初日から2年間（H24.4～H26.3）に「簡易課税制度選択届出書」や「課税事業者選択不適用届出書」を提出したとしてもその提出はなかったものとみなされます（消法37③）。

　しかし、平成26年4月から平成27年3月の間に上記届出書を提出した場合は、平成27年4月から簡易課税制度による申告又は免税事業者となることができます。

【事例２】資本金1,000万円未満の新設法人が、事業年度終了までに課税事業者となり、２期目と３期目に調整対象固定資産の課税仕入れを行い一般課税で申告した場合

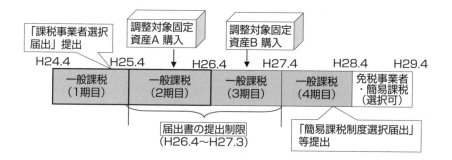

　課税事業者を選択し、一般課税の選択が強制される期間中（H25.4～H26.3）に「調整対象固定資産Ａ」を購入し課税仕入れを行っています。課税仕入れを行った日の属する課税期間の初日から３年間（H25.4～H28.3）、課税方式を変更することはできません。

　調整対象固定資産の仕入れの日の属する課税期間の初日から２年間（H25.4～H27.3）に提出した「簡易課税制度選択届出書」「課税事業者選択不適用届出書」はなかったものとみなされます（消法37③）。

　平成26年４月から平成27年３月までの間に「調整固定資産Ｂ」を購入していますが、一般課税の選択が強制される期間中（H24.4～H26.3）に調整対象固定資産の課税仕入れを行ったものではないため、新たに平成26年４月から３年間、課税方式の変更の制限等を受けるということはありません。

【事例3】資本金1,000万円以上の新設法人が、設立1期目に簡易課税制度選択届出書を提出し2期目に調整対象固定資産を購入した場合

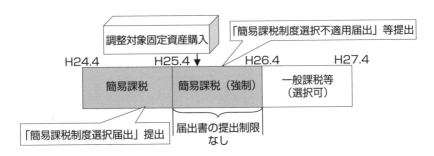

資本金1,000万円以上の新設法人は、課税事業者が強制されます。1期目（平成24年4月から平成25年3月まで）に「簡易課税制度選択届出書」を提出した場合、その課税期間から簡易課税制度を適用することができます。

簡易課税制度の選択が強制される期間中（平成24年4月から平成26年3月まで）に「調整対象固定資産」を購入していますが、一般課税で課税仕入れを行っていないので「簡易課税制度選択不適用届出書」等の提出制限はありません。そのため、平成25年4月から平成26年3月までの間に上記届出書を提出すれば、3期目（平成26年4月から平成27年3月まで）から一般課税による申告等ができます。

【事例４】資本金1,000万円以上の新設法人が、設立２期目に簡易課税制度選択届出書を提出し同期間中に調整対象固定資産を購入した場合

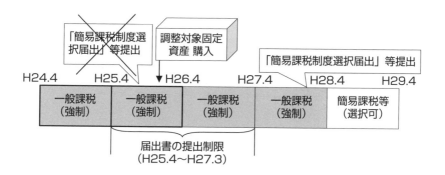

資本金1,000万円以上の新設法人は、課税事業者が強制されます。１期目（平成24年４月から平成25年３月まで）に「簡易課税制度選択届出書」を提出しなかった場合、一般課税により申告を行うこととなります。

基準期間がない事業年度中（平成24年４月から平成26年３月まで）に「調整対象固定資産」を購入した場合、課税仕入れを行った日の属する課税期間の初日から３年間（平成25年４月から平成28年３月まで）、課税方式を変更することはできません。調整対象固定資産の仕入れの日の属する課税期間の初日から２年間中（平成25年４月から平成27年３月まで）に提出した「簡易課税制度選択届出書」等はなかったものとみなされます。仮に、提出が調整対象固定資産の購入前であった場合でも提出制限を受けます。平成27年４月から平成28年３月までの間に上記届出書を提出した場合は、平成28年４月から簡易課税制度による申告ができます。

10 国、地方公共団体、公共・公益法人等の消費税Q&A

(国税庁より)

(問1) 免税期間における起債の償還元金に充てるための補助金等の使途の特定

> **Q** 地方公共団体の特別会計が、消費税の納税義務が免除される課税期間において、借入金等(消費税法施行令第75条第1項第1号に規定する「借入金等」(通常の借入金等)をいいます。以下同じ。)を財源として事業を行いました。
>
> その後、課税事業者となった課税期間において、当該借入金等の返済のための補助金等の交付を受けましたが、当該補助金等の交付要綱等にその旨が記載されているときは、当該借入金等により賄われた課税仕入れ等については仕入税額控除の対象とされていないことから、当該補助金等については、特定収入に該当しないものとして取り扱ってよいでしょうか。

A 特定収入に該当しないものとして取り扱われます。

国又は地方公共団体等については、特定収入によって賄われる課税仕入れ等は、課税資産の譲渡等のコストを構成しないという考え方から、特定収入により賄われる課税仕入れ等の税額は仕入税額控除の対象としない調整計算を行うこととされています。

この考え方に基づき、借入金等の返済のための補助金等については、次の方法により使途を特定することとしています(消基通16-2-2(1)注書、(2)ハ)。

　イ　借入金等を財源として行った事業について、当該借入金等の返済のための補助金等が交付される場合において、当該補助金等の交付要綱等にその

旨が記載されているときは、当該補助金等は当該事業に係る経費のみに使用される収入として使途を特定する。

ロ　交付要綱等において、借入金等の返済のための補助金等とされているものについては、当該借入金等により事業が行われた課税期間における支出の割合であん分する方法で使途を特定する。

　これは、<u>借入金等により賄われた課税仕入れ等が、結果的に補助金等で賄われることとなるからであり、過去において仕入税額控除の対象とされた課税仕入れ等で借入金等により賄われたものについて当該補助金等の交付を受けた課税期間において調整しよう</u>とするものです。

　この考え方からすれば、借入金等により賄われた課税仕入れ等が、免税事業者である課税期間におけるものであれば、仕入税額控除の対象とされていないことから、調整をする必要はないこととなります。

　なお、市町村の統廃合により新設あるいは存続する特別会計が、廃止された特別会計から債権債務を承継することとなり、引き継いだ借入金等の中に廃止された特別会計が免税期間中に行った起債に係る部分がある場合、その借入金等の返済のための補助金等についても同様に取り扱われます。

〔免税期間における起債の償還元金に充てるための補助金等の使途の特定のイメージ〕

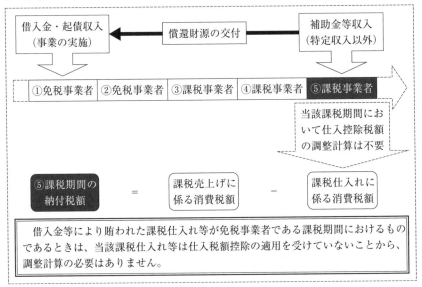

(問2) 借換債の償還に充当した繰入金等

> Q 地方公共団体の特別会計が、X1年度に地方債を財源として事業を行い、その後、X2年度において借換債を起債し、その資金を原資としてX1年度に起債した地方債を償還しました。
> 　更に、X3年度において、X2年度に起債した借換債を償還するために、一般会計からの繰入金等が措置された場合、その繰入金等の使途の特定に当たっては、X1年度の地方債で賄った事業に係る経費に充てられたものとして使途を特定することとなるのでしょうか。
> 　なお、X1年度～X3年度は課税事業者であり、地方債及び借換債は、消費税法施行令第75条第1項1号に規定する「借入金等」(通常の借入金等)に該当するものです。

A　その地方債で賄った事業に係る経費に充てられたものとして使途を特定することとなります。

　地方債の元金を償還するために一般会計からの繰入金等が措置された場合には、その繰入金等は元金償還金のために使用されたものとして使途を特定するのではなく、その地方債で賄った事業のために使用されたものとして使途を特定することとされています（消基通16－2－2（1）注書、（2）ハ）。

　借換債を償還するための一般会計からの繰入金等は、実質的には借換債によって償還された地方債で賄われた事業のために使用されたこととなりますので、その事業に係る経費に充てられたものとして使途の特定を行うのが合理的です。

　したがって、借換債によって償還された地方債で賄われた事業に係る経費が課税仕入れ等であれば、借換債を償還するための一般会計からの繰入金等は特定収入に該当することとなります。

　なお、借換債によって償還された地方債で賄われた課税仕入れ等が、免税事業者である課税期間におけるものの場合には、その課税仕入れ等は仕入税額控除されていませんので、借換債を償還するための一般会計からの繰入金等は、特定収入に該当しないものとして取り扱われます（問1参照）。

（問3）　繰越金

Q　前年度において収受した補助金等について、一部を今年度に繰り越し、今年度においてその繰越金を歳入として受け入れる処理を行いました。この場合、今年度において受け入れ処理した前年度繰越金は今年度の特定収入となりますか。

A　今年度の特定収入には該当しません。

　前年度繰越金を生ずるもととなった収入（補助金等）は、収受した年度において特定収入に該当するか否かの判定（使途の特定）を行っていますから、前

年度繰越金は、それを歳入として受け入れ処理した年度において特定収入とならず、使途の特定を行う必要もありません。

なお、前年度繰越金を歳入として受け入れ処理した年度においては、前年度繰越金を除いた歳入について特定収入に該当するかどうかの判定（使途の特定）を行います。

（問4） 繰越明許費

> **Q** 地方公共団体の特別会計が、特定収入に該当する補助金収入を地方自治法第213条に規定する繰越明許費として翌年度に繰り越している場合、その繰越明許費は実際に収受した年度の特定収入として取り扱うのでしょうか。あるいは、繰り越した年度における特定収入として取り扱うのでしょうか。
>
> （参考）
>
> 　繰越明許費とは、歳出予算の経費のうち、その性質上又は予算成立後の事由に基づき、年度内にその支出を終わらない見込みのあるものについて、予算の定めるところにより、翌年度に繰り越して使用する経費をいいます。

A 実際に収受した年度の特定収入となります。

地方公共団体は、会計年度を設けて、その期間の収支を区分整理するに当たって、「各会計年度における歳出は、その年度の歳入をもって、これに充てなければならない。」（地方自治法208②）こととされ、また、「毎会計年度の歳出予算の経費の金額は、これを翌年度において使用することはできない。」（地方自治法220③）こととされています。

ただし、予算の効率的執行を図るため、①地方公共団体の経費をもって支弁する事件で、その履行に数年度を要するもの（継続費の逓次繰越し（地方自治法第212条））、②歳出予算の経費のうち、その性質上又は予算成立後の事由に基づき、年度内にその支出を終わらない見込みのあるもの（繰越明許費（地方

自治法第213条))、③歳出予算の金額のうち、年度内に支出負担行為をし、避け難い事故のため年度内に支出を終わらなかったもの(事故繰越し(地方自治法第220③))についてはその例外とされています。

ところで、消費税の取扱いにおいて、国、地方公共団体、公共法人等の繰越金については、繰越金を歳入又は収入として受け入れた年度の特定収入には該当せず、繰越金が発生した年度(実際に収受した年度)において特定収入に該当するか否かを判定することとされています。

この繰越金には、「継続費の逓次繰越し」に限らず、「繰越明許費」及び「事故繰越し」も含まれるべきものです。

したがって、質問の補助金収入の繰越明許費についても、その補助金を収受した年度において特定収入に該当することとなります。

(問5) 地方自治法上の繰上充用

> Q　地方自治法施行令第166条の2《翌年度歳入の繰上充用》に規定する繰上充用に係る収入は、今年度の特定収入に該当しますか。
> (繰上充用の具体例)
> 　○○県では、森林特別会計を設けていますが、単年度で赤字が生じる場合、他会計からの繰入金等で補填せず、繰上充用により補填(翌年度の収入から補填)することとしています。
> (参考)
> 　地方自治法施行令第166条の2《翌年度歳入の繰上充用》
> 　会計年度経過後にいたって歳入が歳出に不足するときは、翌年度の歳入を繰り上げてこれに充てることができる。この場合においては、そのために必要な額を翌年度の歳入歳出予算に編入しなければならない。

A　今年度における特定収入には該当しません。

　地方自治法施行令第166条の2に規定する繰上充用は、会計に赤字が生じた

場合、単に翌年度の歳入で今年度の赤字を補填するというものであり、実際に収入として収受する翌年度において特定収入に該当するか否かの判定を行いますから、今年度における特定収入には該当しません。

(問６)　借入金の利子の支払に使用することとされている補助金

> Q　当法人（公益財団法人）では、建物の建設資金の借入れを行いましたが、借入金の利子の支払に当たっては、地方公共団体から補助金が交付されることとなっています。この補助金は、特定収入として取り扱うこととなるのでしょうか。

A　特定収入に該当しないことになります。

　質問の補助金については、金銭の借入れに関して交付される補助金ですが、借入金元本の返済に充てられるものではなく、非課税取引の対価である借入金利子の支払のためにのみ使用することとされている収入ですから、その補助金を交付する地方公共団体が作成した交付要綱等にその旨が明らかにされていれば、特定収入に該当しないことになります。

(問７)　人件費に使途が特定されている補助金

> Q　当事業団では、交付要綱において人件費に充てるべきこととされている補助金を国から交付されており、当該補助金を給料及び通勤手当として職員に支払っています。この場合、当該補助金は特定支出のためにのみ使用するものでない（通勤手当の支給は課税仕入れとなります。）ことから、全額が特定収入に該当することとなると考えられますが、当該補助金における実績報告書において通勤手当として支出した金額が明らかにされている場合には、当該金額のみを特定収入とし、それ以外の金額については、特定収入に該当しないものとして取り扱ってよいでしょうか。

A 通勤手当以外の金額については、特定収入に該当しないものとして取り扱って差し支えありません。

資産の譲渡等の対価以外の収入の使途が特定されているかどうかは、一般的には法令又は交付要綱等に定めたところによりますが、この場合の交付要綱等には、補助金等を交付する者が作成した補助金等交付要綱、補助金等交付決定書のほか、これらの附属書類である補助金等の積算内訳書、実績報告書を含むこととされています（消基通16－2－2）。

したがって、実績報告書において、通勤手当として支出した金額が明らかにされている部分に係る補助金を特定収入とし、給料として支出した金額に係る補助金を特定支出のためにのみ使用することとされている収入として特定収入に該当しないものとして取り扱って差し支えありません。

（問8） 消費税の還付金

> Q 国、地方公共団体、公共・公益法人等が、消費税の確定申告に当たって控除不足還付税額が生じ還付金を受け取った場合、その還付金は特定収入に該当しますか。

A 特定収入に該当しません。

消費税の確定申告において控除不足還付税額が生じたことにより収受する還付金は、資産の譲渡等の対価以外の収入ですが、消費税法施行令第75条第1項第5号の「還付金」に該当しますので、特定収入に該当しない収入（特定収入以外の収入）となります。

なお、還付加算金は、利息的な要素はありますが、対価性がないことから資産の譲渡等の対価以外の収入に該当し、特定収入となります。

(問9) 公益法人等の申告単位

> Q　当法人（公益社団法人）では、法人税法上の収益事業に該当する事業も行っていることから、収益事業と非収益事業について区分経理し、収益事業部門を特別会計とし、非収益事業部門を一般会計とする経理を行っています。このように会計単位を別々にしている場合には、収益事業部門の特別会計についてのみ申告すればよいのでしょうか。また、非収益事業部門の一般会計についても申告の必要がある場合、各部門ごとに申告すればよいのでしょうか。

A　収益事業部門及び非収益事業部門において行った課税資産の譲渡等について、合わせたところで申告をする必要があります。

公益法人等の非収益事業から生じた所得には法人税は課税されませんが、消費税においては、非収益事業に属する資産の譲渡等を行った場合であっても、それが国内における課税資産の譲渡等である限り、事業者である公益法人等が行ったものですから、課税の対象となります（消費税法4①）。

また、消費税は事業者を納税義務者としていますが、基準期間における課税売上高及び特定期間における課税売上高（又は給与等支払額）が1,000万円以下の場合には、原則として、その課税期間の納税義務は免除されます（消費税法9①等）。この基準期間における課税売上高も事業者を単位として判定することとされています。さらに、消費税の申告も事業者を単位として行うこととされています（消費税法42①、45①）。このような取扱いは、公益法人等であっても異なるところはありませんから、収益事業部門と非収益事業部門について各部門ごとに申告することは認められません。

したがって、公益法人等のその課税期間の基準期間における課税売上高が1,000万円を超える場合には、その課税期間中に収益事業部門及び非収益事業部門において行った課税資産の譲渡等について、合わせたところで申告をする必要があります。

(問10)　一部事務組合への適用関係

> **Q**　一部事務組合への消費税法の適用はどのようになりますか。

A　一部事務組合への消費税法の適用関係は以下のとおりです。

1　一部事務組合の法的性格と権能

　一部事務組合は、二以上の地方公共団体がその事務の一部を共同して処理するために設ける特別地方公共団体であり（地方自治法1の3③、284①）、次のような性格を有しています。

① 　構成団体から独立した地方公共団体としての性格
② 　特別地方公共団体である性格
③ 　公法人である性格

　このような性格を持つ一部事務組合の権能は、次のようなものであるといえます。

① 　一部事務組合は、法人格が認められ、行政主体としての各種の公権が賦与されているという点で、普通地方公共団体となんら違いはありません。ただし、一部事務組合の権能は、規約で定められた共同処理事務の範囲内においてのみ認められます。
② 　この共同処理事務については、なんら制限はなく、共同処理事務の範囲内であれば、そのために必要な条例・規則を制定し、財源を調達し、法律の認めている範囲内で公権力をもって事務を執行することができます。

2　一部事務組合の財務と会計

　一部事務組合には、都道府県及び市町村に関する規定の準用があります（地方自治法292）。

　また、財務の規定については、全て準用されると解されていることから、一般的には、会計の区分の規定（地方自治法209）についての準用があります。したがって、法令に特別会計を設けるべき旨の規定がある場合は格別、

その他の場合は、一般会計であることは、普通地方公共団体の場合と同様です。

3　一部事務組合における消費税の課税関係

　このように、一部事務組合の場合、会計については普通地方公共団体と同様と考えるべきものであり、消費税法の適用についても、基本的には普通地方公共団体と同様に解することとなります（消費税法60）。

　ただし、普通地方公共団体において、本来、特別会計を設けて会計経理することとされている事業を一部事務組合において共同処理する場合には、当該事業を経理する一部事務組合の会計は、特別会計と考えるべきものであることから、消費税法施行令第72条第3項において、「当該事業は同条（消費税法第60条）第1項の特別会計を設けて行う事業とみなす。」とされています。

　ここで、特別会計を設けて行う事業とみなされる事業とは、
　①　地方公営企業に係る事業
　②　競馬等の公営競技の事業
　③　対価を得て資産の譲渡又は貸付けを主として行う事業
等が考えられます。このうち、地方公営企業は、地方公営企業法等により特別会計を設けて行うものとすることが定められていることから、一部事務組合においてこのような事業を共同処理する場合にも、当然に特別会計を設けて会計経理することとなります。このほか、消費税法施行令第72条第3項においては、②及び③の場合について特別会計を設けて行う事業とみなすこととされています。

　なお、地方自治法第285条の一部事務組合が特別会計を設けて行う事業のうち、「対価を得て資産の譲渡又は貸付けを主として行う事業」以外の事業は、一般会計に係る事業とみなされます。この場合、「主として」行われる事業か否かは、その特別会計の総収入金額に占める資産の譲渡又は貸付けの

対価の額が50％を超えているか否かにより判定します。

11 その他の留意事項

(1) 棚卸資産について——贈与又は低額譲渡をした場合

　事業者がその役員や従業員などに対して著しい低い価額で棚卸資産や事業用資産を譲渡（低額譲渡）した場合や贈与した場合は、原則として、その譲渡した対価の額が課税標準となりますが、従業員に対する場合と役員に対する場合で取扱いが異なります。

　消費税の課税標準となる「課税資産の譲渡等の対価の額」とは、事業者が課税資産の譲渡等につき対価として収受し、又は収受すべき一切の金銭又は金銭以外の物若しくは権利その他経済的な利益の額をいいます。

　この場合の「収受すべき」とは、原則として、その課税資産の譲渡等を行った場合のその譲渡に係る当事者間で授受することとした対価の額をいい、その課税資産等の価額（時価）を言うのではありません。

　ただし、以下の場合には特例として、その時における資産の価額（時価）を課税標準として課税されることとされています。

> ① 法人がその役員に対して著しく低い価額（法人のその役員に対する資産の譲渡に係る対価が、その譲渡の時における通常他に販売する価額（時価）のおおむね50％に相当する金額に満たない場合。これに加えて、その資産が棚卸資産や事業用資産である場合はその資産の課税仕入れの金額未満である場合）で資産を譲渡した場合
>
> ② 法人の保有する資産をその役員に贈与した場合

したがって、従業員に対して棚卸資産や事業用資産を贈与した場合には課税売上げにはなりませんし、低額譲渡であればその対価の額が課税の対象となります。しかし、役員に対する低額譲渡や資産の贈与については、時価を課税標準として課税されることとなります。

なお、法人が自己の役員に対し無償で行った資産の貸付又は役務の提供については不課税となります。

(2) 重加算案件の棚卸し計上もれ

消費税については、商品を仕入れた時点で、課税仕入れを認識しますので、計算ミスなどによる棚卸しの計上漏れの場合には、消費税については修正をする必要はありません。ただし、重加算案件については注意が必要です。

仕入税額控除は、国内において課税仕入れを行った日又は保税地域から課税貨物を引き取った日の属する課税期間に行います（法30①）。

課税資産の譲渡等のみ行っている事業者（課税売上割合が95％以上（資本金5億円以下）である事業者を含む）については、課税仕入れ等の税額の全額が仕入税額控除の対象になります（142ページ参照）。

課税売上割合が95％未満の事業者については、個別対応方式又は一括比例配分方式により計算した金額を仕入税額控除します。

上記のご質問のポイントとして、通常の棚卸しの場合には、課税売上の割合に拘わらず、棚卸しとなる商品そのものを課税仕入れしています。製品及び仕掛品の原価についても、消費又は使用される原材料、容器、包紙、機械及び装置、工具、器具、備品等に係る消費税を仕入税額控除できます。

したがって、棚卸しの計算ミスなどで棚卸しの過少計上をしていたとしても消費税に影響することはありません。

しかし、架空仕入れや架空経費の計上をもとに製造原価を計算している場合において、調査で指摘され修正した場合においては、消費税の計算根拠そのものが否認されますので、架空計上分全額が消費税の修正申告対象となります。

当然のことながら重加算となります。

　ただし、棚卸資産に含まれる金額が過大計上されていますので法人税の申告上は別表にて減算調整することになります。

消費税制度改革の歩み

	税率	事業者免税点制度	簡易課税制度	みなし仕入率	限界控除制度
【創設時】	3％	適用上限：2千万円	適用上限：5億円	90％、80％（2区分）	適用上限：6千万円
【平成3年改正】			適用上限：4億円	90％、80％、70％、60％（4区分）	適用上限：5千万円
【平成6年秋の税制改正】(注)平成9年4月施行	4％＋地方消費税1％	資本金1千万円以上の新設法人は不適用 ※設立当初の2年間限り	適用上限：2億円	90％、80％、70％、60％、50％（5区分）	制度の廃止
【平成15年度改正】(平成16年4月施行)		適用上限：1千万円 法人：17年3月決算より 個人：17年分より	適用上限：5千万円 法人：17年3月決算より 個人：17年分より		
【平成23年度改正】		前年又は前事業年度の課税売上高（給与支払額）が1千万円超の事業者には不適用 法人：25年12月決算 個人：25年分より			
【社会保障と税の一体改革】(平成26年4月施行)	6.3％＋地方消費税1.7％ 平成29年4月から10％（7.8％＋地方消費税2.2％）に引上げ予定	課税売上高5億円超の事業者が設立する新設法人には不適用 (注)26年4月以降に設立される法人			今後、更なる実態調査を行い、その結果も踏まえた上で、みなし仕入率の水準について必要な見直しを行う。平成27年4月から金融業及び保険業が50％、不動産業が40％に引き下げられる。

 附錄

附録Ⅰ 「納税環境整備に関する国税通則法等の改正」について(平成24年9月)

　納税環境整備に関する国税通則法の改正を含む「経済社会の構造の変化に対応した税制の構築を図るための所得税法等の一部を改正する法律」(平成23年法律第114号)が、平成23年11月30日に成立し、同年12月2日に公布されました。

　この改正により、調査手続の透明性と納税者の方の予見可能性を高めるなどの観点から、税務調査手続について現行の運用上の取扱いが法令上明確化されるとともに、全ての処分(申請に対する拒否処分及び不利益処分)に対する理由附記の実施及び記帳義務の拡大等が定められ、税務調査手続の法定化及び理由附記の実施に係る規定については、平成25年1月1日から施行することとされています。

　今般の改正により、国税通則法において法定化された税務調査手続に係る規定については、国税通則法第7章の2(第74条の2から第74条の13)に「国税の調査」として設けられており、国税庁では、これらの規定の取扱い等を定めるため、法令解釈通達を制定しました。

　併せて、今般の法改正の趣旨を踏まえ、法令を遵守した適正な調査が行われるよう「調査手続の実施に当たっての基本的な考え方等について」を定め、職員に対して指示しています。

　また、税務調査手続について、一般の納税者の方や税理士の方を対象とした質疑応答集(FAQ)を作成しました。

国税通則法第7章の2(国税の調査)関係通達(法令解釈通達)
調査手続の実施に当たっての基本的な考え方等について(事務運営指針)
税務調査手続に関するFAQ(一般納税者向け)
税務調査手続に関するFAQ(税理士向け)

1　税務調査手続等の先行的取組の実施について

　法定化された税務調査手続等は、原則として、平成25年1月1日以後に開始する調査から適用されることとなりますが、国税庁では、法施行後における税務調査手続等を円滑かつ適切に実施する観点から、平成24年10月1日以後に開始する調査から、法施行後に実施することとなる一部の手続について、先行的に取り組むことを予定しています。

2　更正の請求期間の延長等について

　今般の改正により、平成23年12月2日以後に法定申告期限が到来する国税について、更正の請求ができる期間が原則として法定申告期限から5年に延長されました。

3　処分の理由附記について

　今般の改正により、処分の適正化と納税者の予見可能性を高める観点から、原則として、平成25年1月1日以後、国税に関する法律に基づく申請に対する拒否処分や不利益処分を行う場合には、理由附記を実施することとなります。

【申請に対する拒否処分】

　更正の請求に対して更正をすべき理由がない旨の通知、青色申告承認申請の却下などの処分が該当します。

【不利益処分】

　更正、決定、加算税賦課決定、督促、差押えなどの処分が該当します。

（参考）　個人の白色申告の方に対する更正等に係る理由附記について

　事業所得、不動産所得又は山林所得を有する個人の白色申告の方（所得税の申告の必要がない方を含みます。）に対する更正等に係る理由附記については、記帳・帳簿等の保存義務の拡大と併せて以下のとおり実施することとされています。

① 平成20年から25年までのいずれかの年において記帳義務・記録保存義務があった方は平成25年1月から
② それ以外の方は平成26年1月から

　また、上記の方に加えて、平成25年1月以後、現行の白色申告の方に係る記帳義務・記録保存義務の水準と同程度の記帳・記録保存を行っている方については、運用上、平成25年1月以後、理由附記を実施します。

　今般の改正により、事業所得、不動産所得又は山林所得を有する白色申告の方に対する現行の記帳・帳簿等の保存制度について、平成26年1月から対象となる方が拡大されます。

※　現行の記帳・帳簿等の保存制度の対象者は、白色申告の方のうち前々年分あるいは前年分の事業所得等の金額の合計額が300万円を超える方です。

附録Ⅱ 国税通則法第7章の2（国税の調査）関係通達の制定について（法令解釈通達）

平成24年9月12日
（平成26年4月3日改正）

（課総5－9、課個7－3、課資5－60、課法4－47、課酒1－61、課消1－49、課審1－42、官総9－6、官税126、査調2－68）

各国税局長殿、沖縄国税事務所長殿、各税関長殿、沖縄地区税関長殿

国税庁長官

国税通則法第7章の2（国税の調査）関係通達の制定について（法令解釈通達）

　「経済社会の構造の変化に対応した税制の構築を図るための所得税法等の一部を改正する法律」（平成23年法律第114号）により、国税通則法（昭和37年法律第66号）の一部が改正され、調査手続に関する現行の運用上の取扱いが法令上明確化されたことに伴い、国税通則法第7章の2（国税の調査）関係通達を別冊のとおり定めたから、改正法施行後は、これによられたい。

　この通達の具体的な運用に当たっては、今般の国税通則法の改正が、調査手続の透明性及び納税者の予見可能性を高め、調査に当たって納税者の協力を促すことで、より円滑かつ効果的な調査の実施と申告納税制度の一層の充実・発展に資する観点及び課税庁の納税者に対する説明責任を強化する観点から行われたことを踏まえ、法定化された調査手続を遵守するとともに、調査はその公益的必要性と納税者の私的利益との衡量において社会通念上相当と認められる範囲内で、納税者の理解と協力を得て行うものであることを十分認識し、その適正な遂行に努められたい。

（参考）　用語の意義

　国税通則法第7章の2（国税の調査）関係通達において次に掲げる用語の意義は、別に定める場合を除き、それぞれ次に定めるところによる。

法	国税通則法をいう。
令	国税通則法施行令をいう。
規則	国税通則法施行規則をいう。

第1章 法第74条の2～法第74条の6関係（質問検査権）

　1－1　「調査」の意義

　1－2　「調査」に該当しない行為

　1－3　「当該職員」の意義

　1－4　質問検査等の相手方となる者の範囲

　1－5　質問検査等の対象となる「帳簿書類その他の物件」の範囲

　1－6　「物件の提示又は提出」の意義

　1－7　「酒類の販売業者」の範囲

　1－8　「運搬中」の範囲

第2章 法第74条の7関係（留置き）

　2－1　「留置き」の意義等

　2－2　留置きに係る書面の交付手続

第3章 法第74条の9～法第74条の11関係（事前通知及び調査の終了の際の手続）

　第1節　共通的事項

　3－1　一の調査

　3－2　「課税期間」の意義等

　3－3　「調査」に該当しない行為【1－2の再掲】

　3－4　「実地の調査」の意義

　3－5　通知等の相手方

　第2節　事前通知に関する事項

　4－1　法第74条の9又は法第74条の10の規定の適用範囲

　4－2　申請等の審査のために行う調査の事前通知

　4－3　事前通知事項としての「帳簿書類その他の物件」

4-4　質問検査等の対象となる「帳簿書類その他の物件」の範囲【1-5の再掲】

4-5　「調査の対象となる期間」として事前通知した課税期間以外の課税期間に係る「帳簿書類その他の物件」

4-6　事前通知した日時等の変更に係る合理的な理由

4-7　「その営む事業内容に関する情報」の範囲等

4-8　「違法又は不当な行為」の範囲

4-9　「違法又は不当な行為を容易にし、正確な課税標準等又は税額等の把握を困難にするおそれ」があると認める場合の例示

4-10　「その他国税に関する調査の適正な遂行に支障を及ぼすおそれ」があると認める場合の例示

第3節　調査の終了の際の手続に関する事項

5-1　法第74条の11第1項又は第2項の規定の適用範囲

5-2　「更正決定等」の範囲

5-3　「更正決定等をすべきと認めた額」の意義

5-4　調査結果の内容の説明後の調査の再開及び再度の説明

5-5　調査の終了の際の手続に係る書面の交付手続

5-6　法第74条の11第6項の規定の適用

5-7　「新たに得られた情報」の意義

5-8　「新たに得られた情報に照らし非違があると認めるとき」の範囲

5-9　事前通知事項以外の事項について調査を行う場合の法第74条の11第6項の規定の適用

第4節　連結法人の連結所得に対する法人税に係る適用関係に関する事項

6-1　法第74条の9又は法第74条の10の規定の適用関係

6-2　連結子法人に対する事前通知

6-3　法第74条の11第1項又は第2項の規定の適用関係

（1）　連結親法人に対する更正決定等をすべきと認められない旨の通知

（2）　連結親法人に対する調査結果の内容の説明

　　　（3）　連結子法人に対する調査の終了の際の手続

　　6－4　一部の連結子法人の同意がない場合における連結親法人への通知等

　　6－5　法第74条の11第6項の規定の適用関係

　第5節　**税務代理人に関する事項**

　　7－1　税務代理人を通じた事前通知事項の通知

　　7－2　税務代理人からの事前通知した日時等の変更の求め

　　7－3　税務代理人がある場合の実地の調査以外の調査結果の内容の説明等

　　7－4　法に基づく事前通知と税理士法第34条《調査の通知》に基づく調査の通知との関係

　　7－5　一部の納税義務者の同意がない場合における税務代理人への説明等

第4章　**経過措置に関する事項**

　　8－1　提出物件の留置きの適用

　　8－2　事前通知手続の適用

　　8－3　調査の終了の際の手続の適用

第1章　法第74条の2～法第74条の6関係（質問検査権）

（「調査」の意義）

1－1

（1）　法第7章の2において、「調査」とは、国税（法第74条の2から法第74条の6までに掲げる税目に限る。）に関する法律の規定に基づき、特定の納税義務者の課税標準等又は税額等を認定する目的その他国税に関する法律に基づく処分を行う目的で当該職員が行う一連の行為（証拠資料の収集、要件事実の認定、法令の解釈適用など）をいう。

　　（注）　法第74条の3に規定する相続税・贈与税の徴収のために行う一連の行為は含まれない。

（2）　上記（1）に掲げる調査には、更正決定等を目的とする一連の行為のほ

か、異議決定や申請等の審査のために行う一連の行為も含まれることに留意する。

（3）　上記（1）に掲げる調査のうち、次のイ又はロに掲げるもののように、一連の行為のうちに納税義務者に対して質問検査等を行うことがないものについては、法第74条の9から法第74条の11までの各条の規定は適用されないことに留意する。

　　イ　更正の請求に対して部内の処理のみで請求どおりに更正を行う場合の一連の行為。

　　ロ　期限後申告書の提出又は源泉徴収に係る所得税の納付があった場合において、部内の処理のみで決定又は納税の告知があるべきことを予知してなされたものには当たらないものとして無申告加算税又は不納付加算税の賦課決定を行うときの一連の行為。

（「調査」に該当しない行為）

1－2　当該職員が行う行為であって、次に掲げる行為のように、特定の納税義務者の課税標準等又は税額等を認定する目的で行う行為に至らないものは、調査には該当しないことに留意する。また、これらの行為のみに起因して修正申告書若しくは期限後申告書の提出又は源泉徴収に係る所得税の自主納付があった場合には、当該修正申告書等の提出等は更正若しくは決定又は納税の告知があるべきことを予知してなされたものには当たらないことに留意する。

（1）　提出された納税申告書の自発的な見直しを要請する行為で、次に掲げるもの。

　　イ　提出された納税申告書に法令により添付すべきものとされている書類が添付されていない場合において、納税義務者に対して当該書類の自発的な提出を要請する行為。

　　ロ　当該職員が保有している情報又は提出された納税申告書の検算その他

の形式的な審査の結果に照らして、提出された納税申告書に計算誤り、転記誤り又は記載漏れ等があるのではないかと思料される場合において、納税義務者に対して自発的な見直しを要請した上で、必要に応じて修正申告書又は更正の請求書の自発的な提出を要請する行為。

（２） 提出された納税申告書の記載事項の審査の結果に照らして、当該記載事項につき税法の適用誤りがあるのではないかと思料される場合において、納税義務者に対して、適用誤りの有無を確認するために必要な基礎的情報の自発的な提供を要請した上で、必要に応じて修正申告書又は更正の請求書の自発的な提出を要請する行為。

（３） 納税申告書の提出がないため納税申告書の提出義務の有無を確認する必要がある場合において、当該義務があるのではないかと思料される者に対して、当該義務の有無を確認するために必要な基礎的情報（事業活動の有無等）の自発的な提供を要請した上で、必要に応じて納税申告書の自発的な提出を要請する行為。

（４） 当該職員が保有している情報又は提出された所得税徴収高計算書の記載事項の確認の結果に照らして、源泉徴収税額の納税額に過不足徴収額があるのではないかと思料される場合において、納税義務者に対して源泉徴収税額の自主納付等を要請する行為。

（５） 源泉徴収に係る所得税に関して源泉徴収義務の有無を確認する必要がある場合において、当該義務があるのではないかと思料される者に対して、当該義務の有無を確認するために必要な基礎的情報（源泉徴収の対象となる所得の支払の有無）の自発的な提供を要請した上で、必要に応じて源泉徴収税額の自主納付を要請する行為。

（「当該職員」の意義）

１－３　法第74条の２から法第74条の６までの各条の規定により質問検査等を行うことができる「当該職員」とは、国税庁、国税局若しくは税務署又は税

関の職員のうち、その調査を行う国税に関する事務に従事している者をいう。

(質問検査等の相手方となる者の範囲)

1－4　法第74条の2から法第74条の6までの各条の規定による当該職員の質問検査権は、それぞれ各条に規定する者のほか、調査のために必要がある場合には、これらの者の代理人、使用人その他の従業者についても及ぶことに留意する。

(質問検査等の対象となる「帳簿書類その他の物件」の範囲)

1－5　法第74条の2から法第74条の6までの各条に規定する「帳簿書類その他の物件」には、国税に関する法令の規定により備付け、記帳又は保存をしなければならないこととされている帳簿書類のほか、各条に規定する国税に関する調査又は法第74条の3に規定する徴収の目的を達成するために必要と認められる帳簿書類その他の物件も含まれることに留意する。

(注)　「帳簿書類その他の物件」には、国外において保存するものも含まれることに留意する。

(「物件の提示又は提出」の意義)

1－6　法第74条の2から法第74条の6までの各条の規定において、「物件の提示」とは、当該職員の求めに応じ、遅滞なく当該物件(その写しを含む。)の内容を当該職員が確認し得る状態にして示すことを、「物件の提出」とは、当該職員の求めに応じ、遅滞なく当該職員に当該物件(その写しを含む。)の占有を移転することをいう。

(「酒類の販売業者」の範囲)

1－7　法第74条の4第1項に規定する「酒類の販売業者」には、酒税法第9条第1項《酒類の販売業免許》に規定する酒類の販売業免許を受けた者のほか、酒場、料飲店その他酒類を専ら自己の営業場において飲用に供すること

を業とする者も含まれることに留意する。

(「運搬中」の範囲)
1-8　法第74条の4第3項、法第74条の5第1項第1号ニ、同項第2号ニ、同項第3号ニ及び同項第4号ニに規定する「運搬中」には、現に運搬している場合のほか、運搬途中において一時的に蔵置されている場合も含まれることに留意する。

第2章　法第74条の7関係（留置き）
(「留置き」の意義等)
2-1
(1)　法第74条の7に規定する提出された物件の「留置き」とは、当該職員が提出を受けた物件について国税庁、国税局若しくは税務署又は税関の庁舎において占有する状態をいう。

　ただし、提出される物件が、調査の過程で当該職員に提出するために納税義務者等が新たに作成した物件（提出するために新たに作成した写しを含む。）である場合は、当該物件の占有を継続することは法第74条の7に規定する「留置き」には当たらないことに留意する。
　(注)　当該職員は、留め置いた物件について、善良な管理者の注意をもって管理しなければならないことに留意する。

(2)　当該職員は、令第30条の3第2項に基づき、留め置いた物件について、留め置く必要がなくなったときは、遅滞なく当該物件を返還しなければならず、また、提出した者から返還の求めがあったときは、特段の支障がない限り、速やかに返還しなければならないことに留意する。

(留置きに係る書面の交付手続)

2－2　令第30条の3の規定により交付する書面の交付に係る手続については、法第12条第4項《書類の送達》及び規則第1条第1項《交付送達の手続》の各規定の適用があることに留意する。

第3章　法第74条の9～法第74条の11関係（事前通知及び調査の終了の際の手続）

第1節　共通的事項

(一の調査)

3－1

（1）　調査は、納税義務者について税目と課税期間によって特定される納税義務に関してなされるものであるから、別段の定めがある場合を除き、当該納税義務に係る調査を一の調査として法第74条の9から法第74条の11までの各条の規定が適用されることに留意する。

　（注）　例えば、平成20年分から平成22年分までの所得税について実地の調査を行った場合において、調査の結果、平成22年分の所得税についてのみ更正決定等をすべきと認めるときには、平成20年分及び平成21年分の所得税については更正決定等をすべきと認められない旨を通知することに留意する。

（2）　源泉徴収に係る所得税の納税義務とそれ以外の所得税の納税義務は別個に成立するものであるから、源泉徴収に係る所得税の調査については、それ以外の所得税の調査とは別の調査として、法第74条の9から法第74条の11までの各条の規定が適用されることに留意する。

（3）　同一の納税義務者に納付方法の異なる複数の印紙税の納税義務がある場合には、それぞれの納付方法によって特定される納税義務に関してなされる調査について、法第74条の9から法第74条の11までの各条の規定が適用されることに留意する。

（4）　次のイ又はロに掲げる場合において、納税義務者の事前の同意があるときは、納税義務者の負担軽減の観点から、一の納税義務に関してなされる一

の調査を複数に区分して、法第74条の9から法第74条の11までの各条の規定を適用することができることに留意する。

  イ　同一課税期間の法人税の調査について、移転価格調査とそれ以外の部分の調査に区分する場合。
  ロ　連結子法人が複数の連結法人に係る同一課税期間の法人税の調査について、連結子法人の調査を複数の調査に区分する場合。

(「課税期間」の意義等)

3-2
(1)　3-1において、「課税期間」とは、法第2条第9号《定義》に規定する「課税期間」をいうのであるが、具体的には、次のとおりとなることに留意する。
  イ　所得税については、暦年。ただし、年の中途で死亡した者又は出国をする者に係る所得税については、その年1月1日からその死亡又は出国の日までの期間。
  ロ　法人税については、事業年度又は連結事業年度。ただし、中間申告分については、その事業年度開始の日から6月を経過した日の前日までの期間、連結中間申告分については、その連結事業年度開始の日から6月を経過した日の前日までの期間。
  ハ　贈与税については、暦年。ただし、年の中途で死亡した者に係る贈与税については、その年1月1日からその死亡の日までの期間。
  ニ　個人事業者に係る消費税(消費税法第47条《引取りに係る課税貨物についての課税標準額及び税額の申告等》に該当するものを除く。)については、暦年。また、法人に係る消費税(消費税法第47条《引取りに係る課税貨物についての課税標準額及び税額の申告等》に該当するものを除く。)については、事業年度。ただし、消費税法第19条《課税期間》に規定する課税期間の特例制度を適用する場合には、当該特例期間。

ホ　酒税（酒税法第30条の2第2項《移出に係る酒類についての課税標準及び税額の申告》及び同法第30条の3《引取りに係る酒類についての課税標準及び税額の申告等》に該当するものを除く。）、たばこ税・たばこ特別税（たばこ税法第18条《引取りに係る製造たばこについての課税標準及び税額の申告等》に該当するものを除く。）、揮発油税・地方揮発油税（揮発油税法第11条《引取りに係る揮発油についての課税標準及び税額の申告等》に該当するものを除く。）、石油ガス税（石油ガス税法第17条《引取りに係る課税石油ガスについての課税標準及び税額の申告等》に該当するものを除く。）、石油石炭税（石油石炭税法第14条《引取りに係る原油等についての課税標準及び税額の申告等》に該当するものを除く。）、印紙税（印紙税法第11条《書式表示による申告及び納付の特例》の規定の適用を受けるものに限る。）、航空機燃料税又は電源開発促進税については、その月の1日から末日までの間。

ヘ　印紙税（印紙税法第12条《預貯金通帳等に係る申告及び納付等の特例》の規定の適用を受けるものに限る。）については、4月1日から翌年3月31日までの期間。

（2）　法第74条の9から法第74条の11までの各条の規定の適用に当たっては、課税期間のない国税については、それぞれ次のとおりとする。

イ　相続税については、一の被相続人からの相続又は遺贈（死因贈与を含む。）を一の課税期間として取り扱う。

ロ　酒税（酒税法第30条の2第2項《移出に係る酒類についての課税標準及び税額の申告》に該当するものに限る。）については、酒税法第30条の2第2項各号《移出に係る酒類についての課税標準及び税額の申告》に該当した時を一の課税期間として取り扱う。

ハ　源泉徴収に係る所得税については、同一の法定納期限となる源泉徴収に係る所得税を一の課税期間として取り扱う。

ニ　印紙税（印紙税法第11条《書式表示による申告及び納付の特例》及び同

法第12条《預貯金通帳等に係る申告及び納付等の特例》の規定の適用を受けるものを除く。）については、調査の対象となる期間を4月1日から翌年3月31日までの期間で区分した各期間（当該区分により1年に満たない期間が生じるときは、当該期間）を一の課税期間として取り扱う。

　ホ　消費税（消費税法第47条《引取りに係る課税貨物についての課税標準額及び税額の申告等》に該当するものに限る。）、酒税（酒税法第30条の3《引取りに係る酒類についての課税標準及び税額の申告等》に該当するものに限る。）、たばこ税・たばこ特別税（たばこ税法第18条《引取りに係る製造たばこについての課税標準及び税額の申告等》に該当するものに限る。）、揮発油税・地方揮発油税（揮発油税法第11条《引取りに係る揮発油についての課税標準及び税額の申告等》に該当するものに限る。）、石油ガス税（石油ガス税法第17条《引取りに係る課税石油ガスについての課税標準及び税額の申告等》に該当するものに限る。）又は石油石炭税（石油石炭税法第14条《引取りに係る原油等についての課税標準及び税額の申告等》に該当するものに限る。）については、それぞれ各条に該当するときの属する時を一の課税期間として取り扱う。

（「調査」に該当しない行為【1－2の再掲】）

3－3　当該職員が行う行為であって、次に掲げる行為のように、特定の納税義務者の課税標準等又は税額等を認定する目的で行う行為に至らないものは、調査には該当しないことに留意する。また、これらの行為のみに起因して修正申告書若しくは期限後申告書の提出又は源泉徴収に係る所得税の自主納付があった場合には、当該修正申告書等の提出等は更正若しくは決定又は納税の告知があるべきことを予知してなされたものには当たらないことに留意する。

　（1）　提出された納税申告書の自発的な見直しを要請する行為で、次に掲げるもの。

イ　提出された納税申告書に法令により添付すべきものとされている書類が添付されていない場合において、納税義務者に対して当該書類の自発的な提出を要請する行為。

　ロ　当該職員が保有している情報又は提出された納税申告書の検算その他の形式的な審査の結果に照らして、提出された納税申告書に計算誤り、転記誤り又は記載漏れ等があるのではないかと思料される場合において、納税義務者に対して自発的な見直しを要請した上で、必要に応じて修正申告書又は更正の請求書の自発的な提出を要請する行為。

（2）　提出された納税申告書の記載事項の審査の結果に照らして、当該記載事項につき税法の適用誤りがあるのではないかと思料される場合において、納税義務者に対して、適用誤りの有無を確認するために必要な基礎的情報の自発的な提供を要請した上で、必要に応じて修正申告書又は更正の請求書の自発的な提出を要請する行為。

（3）　納税申告書の提出がないため納税申告書の提出義務の有無を確認する必要がある場合において、当該義務があるのではないかと思料される者に対して、当該義務の有無を確認するために必要な基礎的情報（事業活動の有無等）の自発的な提供を要請した上で、必要に応じて納税申告書の自発的な提出を要請する行為。

（4）　当該職員が保有している情報又は提出された所得税徴収高計算書の記載事項の確認の結果に照らして、源泉徴収税額の納税額に過不足徴収額があるのではないかと思料される場合において、納税義務者に対して源泉徴収税額の自主納付等を要請する行為。

（5）　源泉徴収に係る所得税に関して源泉徴収義務の有無を確認する必要がある場合において、当該義務があるのではないかと思料される者に対して、当該義務の有無を確認するために必要な基礎的情報（源泉徴収の対象となる所得の支払の有無）の自発的な提供を要請した上で、必要に応じて源泉徴収税額の自主納付を要請する行為。

(「実地の調査」の意義)

3－4　法第74条の9及び法第74条の11に規定する「実地の調査」とは、国税の調査のうち、当該職員が納税義務者の支配・管理する場所(事業所等)等に臨場して質問検査等を行うものをいう。

(通知等の相手方)

3－5　法第74条の9から法第74条の11までの各条に規定する納税義務者に対する通知、説明、勧奨又は交付(以下、3－5において「通知等」という。)の各手続の相手方は法第74条の9第3項第1号に規定する「納税義務者」(法人の場合は代表者)となることに留意する。

　　　ただし、納税義務者に対して通知等を行うことが困難な事情等がある場合には、権限委任の範囲を確認した上で、当該納税義務者が未成年者の場合にはその法定代理人、法人の場合にはその役員若しくは納税申告書に署名した経理に関する事務の上席の責任者(法人税法第151条第2項《代表者等の自署押印》)又は源泉徴収事務の責任者等、一定の業務執行の権限委任を受けている者を通じて当該納税義務者に通知等を行うこととしても差し支えないことに留意する。

第2節　事前通知に関する事項

(法第74条の9又は法第74条の10の規定の適用範囲)

4－1　法第74条の9又は法第74条の10の規定が適用される調査には、更正決定等を目的とする調査のほか、異議決定や申請等の審査のために行う調査も含まれることに留意する。

(申請等の審査のために行う調査の事前通知)

4－2　申請等の審査のため実地の調査を行う場合において、納税義務者に通知する事項である法第74条の9第1項第5号に掲げる「調査の対象となる期

間」は、当該申請書等の提出年月日(提出年月日の記載がない場合は、受理年月日)となることに留意する。

(事前通知事項としての「帳簿書類その他の物件」)

4-3 実地の調査を行う場合において、納税義務者に通知する事項である法第74条の9第1項第6号に掲げる「調査の対象となる帳簿書類その他の物件」は、帳簿書類その他の物件が国税に関する法令の規定により備付け又は保存をしなければならないこととされている場合には、当該帳簿書類その他の物件の名称に併せて根拠となる法令を示すものとし、国税に関する法令の規定により備付け又は保存をすることとされていない場合には、帳簿書類その他の物件の一般的な名称又は内容を例示するものとする。

(質問検査等の対象となる「帳簿書類その他の物件」の範囲【1-5の再掲】)

4-4 法第74条の2から法第74条の6までの各条に規定する「帳簿書類その他の物件」には、国税に関する法令の規定により備付け、記帳又は保存をしなければならないこととされている帳簿書類のほか、各条に規定する国税に関する調査又は法第74条の3に規定する徴収の目的を達成するために必要と認められる帳簿書類その他の物件も含まれることに留意する。

(注) 「帳簿書類その他の物件」には、国外において保存するものも含まれることに留意する。

(「調査の対象となる期間」として事前通知した課税期間以外の課税期間に係る「帳簿書類その他の物件」)

4-5 事前通知した課税期間の調査について必要があるときは、事前通知した当該課税期間以外の課税期間(進行年分を含む。)に係る帳簿書類その他の物件も質問検査等の対象となることに留意する。

(注) 例えば、事前通知した課税期間の調査のために、その課税期間より前又は後の課税期間における経理処理を確認する必要があるときは、法第74条の9第4項に

よることなく必要な範囲で当該確認する必要がある課税期間の帳簿書類その他の物件の質問検査等を行うことは可能であることに留意する。

(事前通知した日時等の変更に係る合理的な理由)

4－6 法第74条の9第2項の規定の適用に当たり、調査を開始する日時又は調査を行う場所の変更を求める理由が合理的であるか否かは、個々の事案における事実関係に即して、当該納税義務者の私的利益と実地の調査の適正かつ円滑な実施の必要性という行政目的とを比較衡量の上判断するが、例えば、納税義務者等(税務代理人を含む。以下、4－6において同じ。)の病気・怪我等による一時的な入院や親族の葬儀等の一身上のやむを得ない事情、納税義務者等の業務上やむを得ない事情がある場合は、合理的な理由があるものとして取り扱うことに留意する。

(注) 法第74条の9第2項の規定による協議の結果、法第74条の9第1項第1号又は同項第2号に掲げる事項を変更することとなった場合には、当該変更を納税義務者に通知するほか、当該納税義務者に税務代理人がある場合には、当該税務代理人にも通知するものとする。
　なお、法第74条の9第5項の規定により同条第1項の規定による納税義務者への通知を税務代理人に対して行った場合には、当該変更は当該税務代理人に通知すれば足りることに留意する。

(「その営む事業内容に関する情報」の範囲等)

4－7 法第74条の10に規定する「その営む事業内容に関する情報」には、事業の規模又は取引内容若しくは決済手段などの具体的な営業形態も含まれるが、単に不特定多数の取引先との間において現金決済による取引をしているということのみをもって事前通知を要しない場合に該当するとはいえないことに留意する。

(「違法又は不当な行為」の範囲)

4－8 法第74条の10に規定する「違法又は不当な行為」には、事前通知をすることにより、事前通知前に行った違法又は不当な行為の発見を困難にする

目的で、事前通知後は、このような行為を行わず、又は、適法な状態を作出することにより、結果として、事前通知後に、違法又は不当な行為を行ったと評価される状態を生じさせる行為が含まれることに留意する。

(「違法又は不当な行為を容易にし、正確な課税標準等又は税額等の把握を困難にするおそれ」があると認める場合の例示)

4－9　法第74条の10に規定する「違法又は不当な行為を容易にし、正確な課税標準等又は税額等の把握を困難にするおそれ」があると認める場合とは、例えば、次の（1）から（5）までに掲げるような場合をいう。

（1）　事前通知をすることにより、納税義務者において、法第127条第2号又は同条第3号に掲げる行為を行うことを助長することが合理的に推認される場合。

（2）　事前通知をすることにより、納税義務者において、調査の実施を困難にすることを意図し逃亡することが合理的に推認される場合。

（3）　事前通知をすることにより、納税義務者において、調査に必要な帳簿書類その他の物件を破棄し、移動し、隠匿し、改ざんし、変造し、又は偽造することが合理的に推認される場合。

（4）　事前通知をすることにより、納税義務者において、過去の違法又は不当な行為の発見を困難にする目的で、質問検査等を行う時点において適正な記帳又は書類の適正な記載と保存を行っている状態を作出することが合理的に推認される場合。

（5）　事前通知をすることにより、納税義務者において、その使用人その他の従業者若しくは取引先又はその他の第三者に対し、上記（1）から（4）までに掲げる行為を行うよう、又は調査への協力を控えるよう要請する（強要し、買収し又は共謀することを含む。）ことが合理的に推認される場合。

(「その他国税に関する調査の適正な遂行に支障を及ぼすおそれ」があると認める場合の例示)

4-10 法第74条の10に規定する「その他国税に関する調査の適正な遂行に支障を及ぼすおそれ」があると認める場合とは、例えば、次の(1)から(3)までに掲げるような場合をいう。

(1) 事前通知をすることにより、税務代理人以外の第三者が調査立会いを求め、それにより調査の適正な遂行に支障を及ぼすことが合理的に推認される場合。

(2) 事前通知を行うため相応の努力をして電話等による連絡を行おうとしたものの、応答を拒否され、又は応答がなかった場合。

(3) 事業実態が不明であるため、実地に臨場した上で確認しないと事前通知先が判明しない等、事前通知を行うことが困難な場合。

第3節 調査の終了の際の手続に関する事項

(法第74条の11第1項又は第2項の規定の適用範囲)

5-1 法第74条の11第1項又は同条第2項の規定は、異議決定や申請等の審査のために行う調査など更正決定等を目的としない調査には適用されないことに留意する。

(「更正決定等」の範囲)

5-2 法第74条の11に規定する「更正決定等」には、法第24条《更正》若しくは法第26条《再更正》の規定による更正若しくは法第25条《決定》の規定による決定又は法第32条《賦課決定》の規定による賦課決定(過少申告加算税、無申告加算税、不納付加算税、重加算税及び過怠税の賦課決定を含む。)のほか、源泉徴収に係る所得税でその法定納期限までに納付されなかったものに係る法第36条《納税の告知》に規定する納税の告知が含まれることに留意する。

(「更正決定等をすべきと認めた額」の意義)

5－3　法第74条の11第2項に規定する「更正決定等をすべきと認めた額」とは、当該職員が調査結果の内容の説明をする時点において得ている情報に基づいて合理的に算定した課税標準等、税額等、加算税又は過怠税の額をいう。

(注)　課税標準等、税額等、加算税又は過怠税の額の合理的な算定とは、例えば、次のようなことをいう。
　　イ　法人税の所得の金額の計算上当該事業年度の直前の事業年度分の事業税の額を損金の額に算入する場合において、課税標準等、税額等、加算税又は過怠税の額を標準税率により算出すること。
　　ロ　相続税において未分割の相続財産等がある場合において、課税標準等、税額等、加算税又は過怠税の額を相続税法第55条《未分割遺産に対する課税》の規定に基づき計算し、算出すること。

(調査結果の内容の説明後の調査の再開及び再度の説明)

5－4　国税に関する調査の結果、法第74条の11第2項の規定に基づき調査結果の内容の説明を行った後、当該調査について納税義務者から修正申告書若しくは期限後申告書の提出若しくは源泉徴収に係る所得税の納付がなされるまでの間又は更正決定等を行うまでの間において、当該説明の前提となった事実が異なることが明らかとなり当該説明の根拠が失われた場合など当該職員が当該説明に係る内容の全部又は一部を修正する必要があると認めた場合には、必要に応じ調査を再開した上で、その結果に基づき、再度、調査結果の内容の説明を行うことができることに留意する。

(調査の終了の際の手続に係る書面の交付手続)

5－5　法第74条の11の規定による書面の交付に係る手続については、法第12条第4項《書類の送達》及び規則第1条第1項《交付送達の手続》の各規定の適用があることに留意する。

(法第74条の11第6項の規定の適用)

5－6　更正決定等を目的とする調査の結果、法第74条の11第1項の通知を行った後、又は同条第2項の調査の結果につき納税義務者から修正申告書若しくは期限後申告書の提出若しくは源泉徴収に係る所得税の納付がなされた後若しくは更正決定等を行った後において、新たに得られた情報に照らして非違があると認めるときは、当該職員は当該調査(以下、5－6において「前回の調査」という。)の対象となった納税義務者に対し、前回の調査に係る納税義務に関して、再び質問検査等(以下、第3章第3節において「再調査」という。)を行うことができることに留意する。

(注)
1　前回の調査は、更正決定等を目的とする調査であることから、前回の調査には、5－1に規定するように異議決定又は申請等の審査のために行う調査は含まれないことに留意する。
2　3－1（4）の取扱いによる場合には、例えば、同一の納税義務者に対し、移転価格調査を行った後に移転価格調査以外の部分の調査を行うときは、両方の調査が同一の納税義務に関するものであっても、移転価格調査以外の部分の調査は再調査には当たらないことに留意する。

(「新たに得られた情報」の意義)

5－7　法第74条の11第6項に規定する「新たに得られた情報」とは、同条第1項の通知又は同条第2項の説明（5－4の「再度の説明」を含む。）に係る国税の調査において質問検査等を行った当該職員が、当該通知又は当該説明を行った時点において有していた情報以外の情報をいう。

(注)　調査担当者が調査の終了前に変更となった場合は、変更の前後のいずれかの調査担当者が有していた情報以外の情報をいう。

(「新たに得られた情報に照らし非違があると認めるとき」の範囲)

5－8　法第74条の11第6項に規定する「新たに得られた情報に照らし非違があると認めるとき」には、新たに得られた情報から非違があると直接的に認められる場合のみならず、新たに得られた情報が直接的に非違に結びつかない場合であっても、新たに得られた情報とそれ以外の情報とを総合勘案した

結果として非違があると合理的に推認される場合も含まれることに留意する。

(事前通知事項以外の事項について調査を行う場合の法第74条の11第6項の規定の適用)

5－9　法第74条の9第4項の規定により事前通知した税目及び課税期間以外の税目及び課税期間について質問検査等を行おうとする場合において、当該質問検査等が再調査に当たるときは、法第74条の11第6項の規定により、新たに得られた情報に照らし非違があると認められることが必要であることに留意する。

第4節　連結法人の連結所得に対する法人税に係る適用関係に関する事項
(法第74条の9又は法第74条の10の規定の適用関係)

6－1　連結所得に対する法人税の調査の場合には、各連結法人が、それぞれ法第74条の9第3項第1号に規定する「納税義務者」に当たることから、法第74条の9又は法第74条の10の規定は、連結法人の場合には、連結親法人、連結子法人の区別を問わず、当該職員による質問検査等の対象となる各連結法人ごとに適用することに留意する。

(連結子法人に対する事前通知)

6－2　法第74条の9第1項の規定による事前通知は、実地の調査において質問検査等の対象となる納税義務者に対して行うものであるから、連結所得に対する法人税の調査の場合には、実地の調査を行わない連結子法人に対しては、事前通知を行うことを要しないことに留意する。

(法第74条の11第1項又は第2項の規定の適用関係)

6-3

(1) 連結親法人に対する更正決定等をすべきと認められない旨の通知

　　連結親法人に対する法第74条の11第1項の規定による更正決定等をすべきと認められない旨の通知については、国税に関する実地の調査の結果、当該連結親法人及び連結子法人のいずれにも非違事項が認められない場合に通知することに留意する。

(2) 連結親法人に対する調査結果の内容の説明

　　連結親法人に対する法第74条の11第2項の規定による調査結果の内容の説明については、国税に関する調査の結果、当該連結親法人において認められた非違事項のほか、連結子法人において認められた非違事項についても説明することに留意する。

(3) 連結子法人に対する調査の終了の際の手続

　　連結子法人について、法第74条の11第2項に規定する「更正決定等をすべきと認める場合」に該当するか否かは、国税に関する調査の結果、当該連結子法人に係る法人税法第81条の25《連結子法人の個別帰属額等の届出》の規定による個別帰属額の届出書に記載された内容について、連結親法人に対して更正決定等をすべきと認められることとなる非違事項(以下、6-3(3)において単に「非違事項」という。)があるかどうかにより判定することに留意する。

　　(注) 連結子法人に対する実地の調査の結果、非違事項が認められない場合には、他の連結子法人に対する調査の結果、非違事項が認められ、連結親法人に対して更正決定等を行うこととなっても、当該非違事項が認められない連結子法人に対しては更正決定等をすべきと認められない旨を通知することとなることに留意する。

(一部の連結子法人の同意がない場合における連結親法人への通知等)

6-4　法第74条の11第4項の規定の適用上、連結子法人の同意があるかどうかは、各連結法人ごとに判断することとなるが、2以上の連結子法人のうち、

一部の連結子法人について同項の同意がない場合においては、当該同意がない連結子法人に対する同条第1項の通知又は同条第2項に規定する説明については、当該同意がない連結子法人に対して行うことに留意する。

(法第74条の11第6項の規定の適用関係)

6-5　連結法人に対して、国税に関する調査(以下、6-5において「前回の調査」という。)を行った後において、前回の調査における質問検査等の相手方とならなかった連結子法人に対して、前回の調査における課税期間を対象として国税に関する調査を行おうとする場合には、法第74条の11第6項の適用があることに留意する(3-1(4)ロの取扱いによる場合を除く。)。

第5節　税務代理人に関する事項
(税務代理人を通じた事前通知事項の通知)

7-1　実地の調査の対象となる納税義務者について税務代理人がある場合における法第74条の9第1項の規定による通知については、同条第5項に規定する「納税義務者の同意がある場合」を除き、納税義務者及び税務代理人の双方に対して行うことに留意する。

　ただし、納税義務者から同項各号に掲げる事項について税務代理人を通じて当該納税義務者に通知して差し支えない旨の申立てがあったときは、当該税務代理人を通じて当該納税義務者へ当該事項を通知することとして差し支えないことに留意する。

(注)
1　同条第5項に規定する「納税義務者の同意がある場合として財務省令で定める場合」には、平成26年6月30日以前に提出された税理士法第30条《税務代理の権限の明示》に規定する税務代理権限証書に、同項に規定する同意が記載されている場合を含むことに留意する。
2　ただし書きによる場合においても、「実地の調査において質問検査等を行わせる」旨の通知については直接納税義務者に対して行う必要があることに留意する。

(税務代理人からの事前通知した日時等の変更の求め)

7-2　実地の調査の対象となる納税義務者について税務代理人がある場合において、法第74条の9第2項の規定による変更の求めは、当該納税義務者のほか当該税務代理人も行うことができることに留意する。

(税務代理人がある場合の実地の調査以外の調査結果の内容の説明等)

7-3　実地の調査以外の調査により質問検査等を行った納税義務者について税務代理人がある場合における法第74条の11第2項に規定する調査結果の内容の説明並びに同条第3項に規定する説明及び交付については、同条第5項に準じて取り扱うこととしても差し支えないことに留意する。

(法に基づく事前通知と税理士法第34条《調査の通知》に基づく調査の通知との関係)

7-4　実地の調査の対象となる納税義務者について税務代理人がある場合において、当該税務代理人に対して法第74条の9第1項の規定に基づく通知を行った場合には、税理士法第34条《調査の通知》の規定による通知を併せて行ったものと取り扱うことに留意する。

(一部の納税義務者の同意がない場合における税務代理人への説明等)

7-5　法第74条の9第5項及び法第74条の11第5項の規定の適用上、納税義務者の同意があるかどうかは、個々の納税義務者ごとに判断することに留意する。

　(注)　例えば、相続税の調査において、複数の納税義務者がある場合における法第74条の9第5項及び法第74条の11第5項の規定の適用については、個々の納税義務者ごとにその納税義務者の同意の有無により、その納税義務者に通知等を行うかその税務代理人に通知等を行うかを判断することに留意する。

第4章　経過措置に関する事項

（提出物件の留置きの適用）

8－1　法第74条の7の「提出物件の留置き」に関する規定は、平成25年1月1日以後に提出される物件について適用されることに留意する。

（事前通知手続の適用）

8－2　「所得税法等の一部を改正する法律」（平成26年法律第10号）による改正前の法第74条の9の規定は、平成25年1月1日以後に納税義務者に対して法第74条の2から法第74条の6までの規定による質問検査等を行う調査から適用されることに留意する。

（注）　法第74条の2から法第74条の6までの各条の規定は、平成25年1月1日以後に納税義務者等に対して行う質問検査等（同日前から引き続き行われている調査等に係るものを除く。）から適用されることに留意する。

（調査の終了の際の手続の適用）

8－3　法第74条の11の「調査の終了の際の手続」に関する規定は、平成25年1月1日以後に納税義務者に対して法第74条の2から法第74条の6までの規定による質問検査等を行う調査から適用されることに留意する。

（注）
1　法第74条の2から法第74条の6までの各条の規定は、平成25年1月1日以後に納税義務者等に対して行う質問検査等（同日前から引き続き行われている調査等に係るものを除く。）から適用されることに留意する。
2　法第74条の14《行政手続法の適用除外》に規定する理由の提示は、平成25年1月1日より前に改正前の各税法に基づき質問検査等を開始した調査であっても同日以後に行う処分から適用となるので留意する。

附録Ⅲ 税務調査の際の納税者および関与税理士に対する事前通知について

昭和37年9月6日

官総6－230、直所1－101、直法1－271、直資143、査調1－127、国協149

国税局長　殿

国税庁長官

税務調査の際の納税者および関与税理士に対する事前通知について

　申告にかかる事項についての税務調査の際に、納税者および関与税理士に対して事前通知を行うことについては、かねて納税者あるいは税理士からその励行方を要望されているところであるが、局署の取扱の実情は区々となっていることが認められるので、今後は次により納税者および関与税理士に対する事前通知の取扱の統一を期することとされたい。

　なお、このことについて、日本税理士会連合会会長に対し別紙のとおり通知したから参考に送付する。

1　事前通知の管理

（1）　局調査課等および署における管理

　　納税者に対して事前通知を行うかどうかは、調査担当者の判断に委ねさせることなく、幹部（課長、統括国税調査官、特別国税調査官、主任協議官、協議団支部長、課長補佐、主査または係長。以下同じ。）自身が決定して指示する。調査担当者は、指示を受けた事項、事前通知年月日、立会者の有無、立会者の氏名を税歴表または調査カード等の調査指令事項欄等に記載することにより、事績を明らかにすること。

（2）　局における管理

局直税部においては、署における納税者に対する事前通知の実施状況を随時は握し、その状況を比較検討して、署によって区々とならないよう権衡の保持に努めること。

2　事前通知の時期および方法

納税者に対する事前通知は、原則として調査着手前妥当な時間的余裕をおいて、文書または電話により行うものとし、調査着手直前に電話で通知する等単に形式的な通知にとどまるようなことのないように配意すること。

3　事前通知の対象

1の（1）により納税者に対し事前に通知を行うかどうかは、幹部の良識ある判断によることはいうまでもないが、現況についての調査が重要である事案等事前に通知をすることが適当でないと認められるものを除く事案について、事前通知を行うこと。

4　関与税理士への通知

申告にかかる事項についての税務調査の際に、納税者に対して事前通知を行う場合において、その納税者について税理士法第30条の規定による代理権を証する書面を提出している税理士があるときは、同法第34条の規定により必ず2による納税者に対する通知とあわせて、その関与税理士に対しても通知をしなければならないのであるから留意すること。

5　関与税理士の調査立会についての留意事項

税理士の業務は、（1）税理士会に入会している税理士、（2）通知弁護士、（3）通知公認会計士、（4）税理士法第50条の規定により許可を受けた地方公共団体等の職員（以下「税理士等」という。）以外の者が行うことができないのであるから、大部分の場合に税理士業務におよぶこととなる税務調査の立会

は、税理士等自身があたるべきものであることに留意すること。

附録

附録Ⅳ 調査手続の実施に当たっての基本的な考え方等について(事務運営指針)

平成24年9月12日（改正：平成26年4月3日）

課総5－11、課個7－4、課資5－61、課法4－48、課酒1－62、
課消4－26、課審1－43、官総9－7、官税127、査調2－69

各国税局長殿、沖縄国税事務所長殿

国税庁長官

調査手続の実施に当たっての基本的な考え方等について（事務運営指針）

標題のことについては、別冊のとおり定めたから、平成25年1月1日以後は、これにより適切な運営を図られたい。

(趣旨)

経済社会の構造の変化に対応した税制の構築を図るための所得税法等の一部を改正する法律（平成23年法律第114号）の公布（平成23年12月2日）により、国税通則法（昭和37年法律第66号）の一部が改正され、国税の調査に関する規定（第7章の2）が新設された。

これに伴い、法令を遵守した適正な調査の遂行を図るため、調査手続の実施に当たっての基本的な考え方等を定めるものである。

第1章 基本的な考え方

調査手続については、平成23年12月に国税通則法（以下「法」という。）の一部が改正され、手続の透明性及び納税者の予見可能性を高め、調査に当たって納税者の協力を促すことで、より円滑かつ効果的な調査の実施と申告納税制度の一層の充実・発展に資する観点及び課税庁の納税者に対する説明責任を強

化する観点から、従来の運用上の取扱いが法令上明確化されたところである。

　調査の実施に当たっては、今般の法改正の趣旨を踏まえ、「納税者の自発的な納税義務の履行を適正かつ円滑に実現する」との国税庁の使命を適切に実施する観点から、調査がその公益的必要性と納税者の私的利益との衡量において社会通念上相当と認められる範囲内で、納税者の理解と協力を得て行うものであることを十分認識した上で、法令に定められた調査手続を遵守し、適正かつ公平な課税の実現を図るよう努める。

第2章　基本的な事務手続及び留意事項
1　調査と行政指導の区分の明示
　納税義務者等に対し調査又は行政指導に当たる行為を行う際は、対面、電話、書面等の態様を問わず、いずれの事務として行うかを明示した上で、それぞれの行為を法令等に基づき適正に行う。

(注)
1　調査とは、国税（法第74条の2から法第74条の6までに掲げる税目に限る。）に関する法律の規定に基づき、特定の納税義務者の課税標準等又は税額等を認定する目的その他国税に関する法律に基づく処分を行う目的で当該職員が行う一連の行為（証拠資料の収集、要件事実の認定、法令の解釈適用など）をいうことに留意する（「手続通達」（平成24年9月12日付課総5－9ほか9課共同「国税通則法第7章の2（国税の調査）関係通達」（法令解釈通達）をいう。以下同じ。）1－1）。
2　当該職員が行う行為であって、特定の納税義務者の課税標準等又は税額等を認定する目的で行う行為に至らないものは、調査には該当しないことに留意する（手続通達1－2）。

2　事前通知に関する手続
(1)　事前通知の実施
　納税義務者に対し実地の調査を行う場合には、原則として、調査の対象となる納税義務者及び税務代理人の双方に対し、調査開始日前までに相当の時間的余裕をおいて、電話等により、法第74条の9第1項に基づき、実地の調査において質問検査等を行う旨、並びに同項各号及び国税通則法施行令第30

条の4に規定する事項を事前通知する。

　この場合、事前通知に先立って、納税義務者及び税務代理人の都合を聴取し、必要に応じて調査日程を調整の上、事前通知すべき調査開始日時を決定することに留意する。

　なお、事前通知の実施に当たっては、納税義務者及び税務代理人に対し、通知事項が正確に伝わるよう分かりやすく丁寧な通知を行うよう努める。

(注)
1　納税義務者に税務代理人がある場合において、当該税務代理人が提出した税務代理権限証書に、当該納税義務者への事前通知は当該税務代理人に対して行われることについて同意する旨の記載があるときは、当該納税義務者への事前通知は、当該税務代理人に対して行えば足りることに留意する。
2　納税義務者に対して事前通知を行う場合であっても、納税義務者から、事前通知の詳細は税務代理人を通じて通知して差し支えない旨の申立てがあったときは、納税義務者には実地の調査を行うことのみを通知し、その他の通知事項は税務代理人を通じて通知することとして差し支えないことに留意する（手続通達7－1）。

(2)　調査開始日時等の変更の求めがあった場合の手続

　事前通知を行った後、納税義務者から、調査開始日前に、合理的な理由を付して事前通知した調査開始日時又は調査開始場所の変更の求めがあった場合には、個々の事案における事実関係に即して、納税義務者の私的利益と実地の調査の適正かつ円滑な実施の必要性という行政目的とを比較衡量の上、変更の適否を適切に判断する（手続通達4－6）。

(注)　税務代理人の事情により、調査開始日時又は調査開始場所を変更する求めがあった場合についても同様に取り扱うことに留意する（手続通達7－2）。

(3)　事前通知を行わない場合の手続

　実地の調査を行う場合において、納税義務者の申告若しくは過去の調査結果の内容又はその営む事業内容に関する情報その他国税庁、国税局又は税務署がその時点で保有する情報に鑑み、

　①　違法又は不当な行為を容易にし、正確な課税標準等又は税額等の把握を困難にするおそれ

② その他国税に関する調査の適正な遂行に支障を及ぼすおそれがあると認める場合には、事前通知を行わないものとする。

　この場合、事前通知を行わないことについては、法令及び手続通達に基づき、個々の事案の事実関係に即してその適法性を適切に判断する（手続通達4－7、4－8、4－9、4－10）。

(注)
1　複数の納税義務者に対して同時に調査を行う場合においても、事前通知を行わないことについては、個々の納税義務者ごとに判断することに留意する。
2　事前通知を行うことなく実地の調査を実施する場合であっても、調査の対象となる納税義務者に対し、臨場後速やかに、「調査の目的」、「調査の対象となる税目」、「調査の対象となる期間」、「調査の対象となる帳簿書類その他の物件」、「調査対象者の氏名又は名称及び住所又は居所」、「調査担当者の氏名及び所属官署」を通知するとともに、それらの事項（調査の目的、調査の対象となる税目、調査の対象となる期間等）以外の事項についても、調査の途中で非違が疑われることとなった場合には、質問検査等の対象となる旨を説明し、納税義務者の理解と協力を得て調査を開始することに留意する。
　なお、税務代理人がある場合は、当該税務代理人に対しても、臨場後速やかにこれらの事項を通知することに留意する。

3　調査時における手続

(1)　身分証明書等の携帯等

　実地の調査を実施する場合には、身分証明書及び質問検査章を必ず携帯し、質問検査等の相手方となる者に提示して調査のために往訪した旨を明らかにした上で、調査に対する理解と協力を得て質問検査等を行う。

(注)　行政指導の目的で納税義務者の事業所等に往訪する場合であっても身分証明書を携帯・提示し、行政指導で往訪した旨を明らかにすることは必要であることに留意する。

(2)　通知事項以外の事項についての調査

　納税義務者に対する実地の調査において、納税義務者に対し、通知した事項（上記2（3）注2に規定する場合における通知事項を含む。）以外の事項について非違が疑われた場合には、納税義務者に対し調査対象に追加する

税目、期間等を説明し理解と協力を得た上で、調査対象に追加する事項についての質問検査等を行う。

(3) 質問検査等の相手方となる者の代理人等への質問検査等

調査について必要がある場合において、質問検査等の相手方となる者の代理人、使用人その他の従業者に対し質問検査等を行う場合には、原則として、あらかじめ当該質問検査等の相手方となる者の理解と協力を得る。

(4) 帳簿書類その他の物件の提示・提出の求め

調査について必要がある場合において、質問検査等の相手方となる者に対し、帳簿書類その他の物件(その写しを含む。)の提示・提出を求めるときは、質問検査等の相手方となる者の理解と協力の下、その承諾を得て行う。

(注) 質問検査等の相手方となる者について、職務上の秘密についての守秘義務に係る規定(例:医師等の守秘義務)や調査等に当たり留意すべき事項に係る規定(例:宗教法人法第84条)が法令で定められている場合においては、質問検査等を行うに当たっては、それらの定めにも十分留意する。

(5) 提出を受けた帳簿書類等の留置き

提出を受けた帳簿書類等の留置きは、

① 質問検査等の相手方となる者の事務所等で調査を行うスペースがなく調査を効率的に行うことができない場合

② 帳簿書類等の写しの作成が必要であるが調査先にコピー機がない場合

③ 相当分量の帳簿書類等を検査する必要があるが、必ずしも質問検査等の相手方となる者の事業所等において当該相手方となる者に相応の負担をかけて説明等を求めなくとも、税務署や国税局内において当該帳簿書類等に基づく一定の検査が可能であり、質問検査等の相手方となる者の負担や迅速な調査の実施の観点から合理的であると認められる場合

など、やむを得ず留め置く必要がある場合や、質問検査等の相手方となる者の負担軽減の観点から留置きが合理的と認められる場合に、留め置く必要性を説明し、帳簿書類等を提出した者の理解と協力の下、その承諾を得て実施する。

なお、帳簿書類等を留め置く際は、別途定める書面（以下「預り証」という。）に当該帳簿書類等の名称など必要事項を記載した上で帳簿書類等を提出した者に交付する。

また、留め置いた帳簿書類等については、善良な管理者の注意をもって文書及び個人情報の散逸、漏洩等の防止にも配意して管理する。

おって、留め置く必要がなくなったときには、遅滞なく、交付した「預り証」と引換えに留め置いた帳簿書類等を返還する。

（注）
1　帳簿書類等を提出した者から留め置いた帳簿書類等の返還の求めがあったときは、特段の支障がない限り速やかに返還することに留意する。
　　引き続き留め置く必要があり、返還の求めに応じることができない場合には、その旨及び理由を説明するとともに、不服申立てに係る教示を行う必要があるので留意する。
2　「預り証」は、国税に関する法律の規定に基づき交付する書面であることから、「預り証」を交付する際は、帳簿書類等を提出した者に対し交付送達の手続としての署名・押印を求めることに留意する。
3　「預り証」と引換えに留め置いた帳簿書類等を返還する際は、帳簿書類等を返還した事実を記録にとどめるため、「預り証」に返還を受けた旨の記載及び帳簿書類等を提出した者の署名・押印を求めることに留意する。
　　この場合において、帳簿書類等を提出した者から返還を要しない旨の申出があった場合には、返還を受けた旨の記載に代えて返還を要しない旨の記載を求めることに留意する。

（6）　反面調査の実施

取引先等に対する反面調査の実施に当たっては、その必要性と反面調査先への事前連絡の適否を十分検討する。

（注）　反面調査の実施に当たっては、反面調査である旨を取引先等に明示した上で実施することに留意する。

（7）　証拠の収集・保全と的確な事実認定

調査の過程において、申告内容等に関して非違が疑われる事項を把握した場合には、納税義務者及び税務代理人にその事項について十分な説明を求め、その意見又は主張を十分聴取した上で、納税義務者及び税務代理人の説明内

容等を整理し、必要な証拠の収集・保全を行った上で的確な事実認定を行い、法第74条の11第2項に基づく調査結果の内容の説明の対象となる更正決定等をすべきと認められる非違であるか否かについて適切に判断する。

4 調査終了の際の手続

（1） 更正決定等をすべきと認められない旨の通知

　実地の調査の結果、更正決定等をすべきと認められないと判断される税目、課税期間がある場合には、法第74条の11第1項に基づき、質問検査等の相手方となった納税義務者に対して、当該税目、課税期間について更正決定等をすべきと認められない旨の通知を書面により行う。

　（注）　実地の調査以外の調査において納税義務者に対し質問検査等を行い、その結果、調査の対象となった全ての税目、課税期間について更正決定等をすべきと認められない場合には、更正決定等をすべきと認められない旨の通知は行わないが、調査が終了した際には、調査が終了した旨を口頭により当該納税義務者に連絡することに留意する。

（2） 調査結果の内容の説明等

　調査の結果、更正決定等をすべきと認められる非違がある場合には、法第74条の11第2項に基づき、納税義務者に対し、当該非違の内容等（税目、課税期間、更正決定等をすべきと認める金額、その理由等）について原則として口頭により説明する。

　その際には、必要に応じ、非違の項目や金額を整理した資料など参考となる資料を示すなどして、納税義務者の理解が得られるよう十分な説明を行うとともに、納税義務者から質問等があった場合には分かりやすく回答するよう努める。また、併せて、納付すべき税額及び加算税のほか、納付すべき税額によっては延滞税が生じることを説明するとともに、当該調査結果の内容の説明等（下記（3）に規定する修正申告等の勧奨を行う場合は、修正申告等の勧奨及び修正申告等の法的効果の教示を含む。）をもって原則として一連の調査手続が終了する旨を説明する。

(注) 電話又は書面による調査（実地の調査以外の調査）を行った結果については、更正決定等をすべきと認められる非違事項が少なく、非違の内容等を記載した書面を送付することにより、その内容について納税義務者の理解が十分に得られると認められるような簡易なものである場合には、口頭による説明に代えて書面による調査結果の内容の説明を行って差し支えないことに留意する。
なお、その場合であっても、納税義務者から調査結果の内容について質問があった場合には、分かりやすく回答を行うことに留意する。

（3） 修正申告等の勧奨

納税義務者に対し、更正決定等をすべきと認められる非違の内容を説明した場合には、原則として修正申告又は期限後申告（以下「修正申告等」という。）を勧奨することとする。

なお、修正申告等を勧奨する場合には、当該調査の結果について修正申告書又は期限後申告書（以下「修正申告書等」という。）を提出した場合には不服申立てをすることはできないが更正の請求をすることはできる旨を確実に説明（以下「修正申告等の法的効果の教示」という。）するとともに、その旨を記載した書面（以下「教示文」という。）を交付する。

(注)
1 教示文は、国税に関する法律の規定に基づき交付する書面であることから、教示文を対面で交付する場合は、納税義務者に対し交付送達の手続としての署名・押印を求めることに留意する。
2 書面を送付することにより調査結果の内容の説明を行う場合に、書面により修正申告等を勧奨するときは、教示文を同封することに留意する。
なお、この場合、交付送達に該当しないことから、教示文の受領に関して納税義務者に署名・押印を求める必要はないことに留意する。

（4） 調査結果の内容の説明後の調査の再開及び再度の説明

上記（2）の調査結果の内容の説明を行った後、当該調査について、納税義務者から修正申告書等の提出若しくは源泉徴収に係る所得税の納付がなされるまでの間又は更正決定等を行うまでの間において、当該調査結果の内容の説明の前提となった事実が異なることが明らかとなり当該調査結果の内容の説明の根拠が失われた場合など、当該調査結果の内容の説明に係る内容の全部又は一部を修正する必要があると認められた場合には、必要に応じ調査

を再開した上で、その結果に基づき、再度、調査結果の内容の説明を行う（手続通達5－4）。

　なお、調査結果の内容の説明の根拠が失われた場合とは、納税義務者から新たな証拠の提示等があり、当該調査結果の内容の説明の前提となる事実関係に相違が生じるような場合をいう。

(5)　税務代理人がある場合の調査結果の内容の説明等

　実地の調査における更正決定等をすべきと認められない旨の書面の通知、調査結果の内容の説明、修正申告等の勧奨、修正申告等の法的効果の教示及び教示文の交付（以下「通知等」という。）については、原則として納税義務者に対して行うのであるが、納税義務者の同意がある場合には、納税義務者に代えて、税務代理人に対して当該通知等を行うことができる。

　なお、この場合における納税義務者の同意の有無の確認は、

①　電話又は臨場により納税義務者に直接同意の意思を確認する方法、又は、

②　税務代理人から納税義務者の同意を得ている旨の申出があった場合には、同意の事実が確認できる書面の提出を求める方法

のいずれかにより行う。

(注)　実地の調査以外の調査についても、実地の調査の場合に準じて、納税義務者に代えて、税務代理人に対して調査結果の内容の説明、修正申告等の勧奨、修正申告等の法的効果の教示及び教示文の交付を行うことができることに留意する。
　　　ただし、実地の調査以外の調査において、上記①又は②より納税義務者の同意の意思を確認することが難しい場合には、税務代理人から調査結果の内容の説明を受けることについて委嘱されている旨の申立てがあることをもって、納税義務者に代えて税務代理人に対して調査結果の内容の説明等を行うことができることに留意する（手続通達7－3）。

(6)　再調査の判定

　更正決定等をすべきと認められない旨の通知をした後又は調査の結果につき納税義務者から修正申告書等の提出若しくは源泉徴収に係る所得税の納付があった後若しくは更正決定等をした後に、当該調査の対象となった税目、

課税期間について質問検査等を行う場合には、新たに得られた情報に照らして非違があると認める場合に該当するか否かについて、法令及び手続通達に基づき、個々の事案の事実関係に即してその適法性を適切に判断する（手続通達5－7、5－8、5－9）。

(注) 実地の調査以外の調査を実施した結果、更正決定等をすべきと認められなかった後に、当該調査の対象となった税目、課税期間について質問検査等を行う場合についても、法改正の趣旨を踏まえ、その必要性を十分検討した上で、実施することに留意する。

（7） その他

調査において、今後の申告や帳簿書類の備付け、記録及び保存などに関して指導すべき事項があるときは、将来にわたって自主的に適正な申告、納税及び帳簿書類の備付け等が行われるよう十分な説明を行う。

5　理由附記の実施

行政手続法第2章に規定する申請に対する拒否処分又は同法第3章に規定する不利益処分（同法第3条第1項に定めるものを除く。）を行う場合に必要となる同法第8条又は第14条の規定に基づく処分の理由の提示（理由附記）を行うに当たっては、処分の適正性を担保するとともに処分の理由を相手方に知らせて不服申立ての便宜を図るとの理由附記が求められる趣旨が確保されるよう、適切にこれを行う。

(注) 所得税法第155条（青色申告書に係る更正）、法人税法第130条（青色申告書等に係る更正）等の各税法に理由附記をすることが規定されている処分については、従前のとおり当該規定に基づき適切に理由附記を行うことに留意する。

附録V 税務調査手続等の先行的取組の実施について（平成24年9月）

　平成23年12月2日に国税通則法等が改正され、調査手続の透明性及び納税者の方の予見可能性を高める観点などから、税務調査手続等を法律上明確化するなどの措置が講じられています。

　今回の改正により法定化された税務調査手続等については、原則として、平成25年1月1日以後に開始する調査から適用されることになります。

　国税庁においては、今般の改正の趣旨を踏まえ、法施行後における税務調査手続等を円滑かつ適切に実施する観点から、平成24年10月1日以後に開始する調査から以下に掲げる調査手続について先行的に取り組むことを予定しています。

【調査手続】

1　事前通知

　実地の調査を行う場合には、原則として、あらかじめ電話等により、納税義務者や税務代理人の方と調査開始日時について日程調整をした上で、法定化された事前通知事項（「法定化された事前通知事項」参照）を納税義務者と税務代理人の双方に通知することとします。

　この場合において、納税義務者の方から「事前通知事項の詳細（「法定化された事前通知事項」のNo.2からNo.11に掲げる事項）については、税務代理人の方を通じて通知を受けることで差し支えない旨」の申立てがあった場合は、納税義務者の方に対しては「実地の調査を行う旨」（「法定化された事前通知事項」のNo.1に掲げる事項）のみを通知します。

　なお、平成24年10月1日以後に開始する実地の調査について、平成24年9月30日以前に事前通知する場合の事前通知手続は、現行手続に基づき実施します。

(注)
1 調査の過程において、あらかじめ通知した事前通知事項以外の事項(税目、期間等)についても調査を行う必要が生じた場合には、運用上、納税義務者や税務代理人の方に対し、原則として、当該追加して調査を行う事項(税目、期間等)を説明した上で、質問検査等を行うこととします。
2 税務代理人とは、税理士法第30条の書面を提出している税理士若しくは同法第48条の2に規定する税理士法人又は同法第51条第1項の規定による通知をした弁護士若しくは同条第3項の規定による通知をした弁護士法人をいいます。

2 修正申告等の勧奨の際の教示文の交付

修正申告等の勧奨に当たっては、納税義務者や税務代理人の方に対し、「不服申立てをすることはできないが更正の請求をすることはできる旨」を説明するとともに、その旨を記載した書面を交付します。

(注) 不服申立てや更正の請求について、ご不明な点がありましたら、国税庁ホームページ(以下のリンク先)をご覧いただくか、最寄りの税務署にお尋ねください。

不服申立てについては、「税務手続の案内」の「異議申立関係」をご覧ください。

更正の請求については、「お知らせ」の「更正の請求期間の延長等について」をご覧ください。

《法定化された事前通知事項》

No.	事前通知事項	(参考)根拠条文
1	実地の調査を行う旨	国税通則法第74条の9第1項
2	調査開始日時	国税通則法第74条の9第1項第1号
3	調査開始場所	国税通則法第74条の9第1項第2号 国税通則法施行令第30条の4第2項
4	調査の目的	国税通則法第74条の9第1項第3号 国税通則法施行令第30条の4第2項
5	調査の対象となる税目	国税通則法第74条の9第1項第4号
6	調査の対象となる期間	国税通則法第74条の9第1項第5号

7	調査の対象となる帳簿書類その他の物件 ※ 国税に関する法令の規定により備付け又は保存をしなければならないこととされているものである場合にはその旨を併せて通知	国税通則法第74条の9第1項第6号 国税通則法施行令第30条の4第2項
8	調査の相手方である納税義務者の氏名及び住所又は居所	国税通則法第74条の9第1項第7号 国税通則法施行令第30条の4第1項第1号
9	調査を行う当該職員の氏名及び所属官署 ※ 当該職員が複数であるときは、代表する者の氏名及び所属官署	国税通則法第74条の9第1項第7号 国税通則法施行令第30条の4第1項第2号
10	調査開始日時又は調査開始場所の変更に関する事項	国税通則法第74条の9第1項第7号 国税通則法施行令第30条の4第1項第3号
11	事前通知事項以外の事項について非違が疑われることとなった場合には、当該事項に関し調査を行うことができる旨	国税通則法第74条の9第1項第7号 国税通則法施行令第30条の4第1項第4号

附録Ⅵ 税務調査手続に関するFAQ（一般納税者向け）〈平成26年4月改訂〉

1．総論

> **問1** 平成25年1月から税務調査の手続を定めた国税通則法の規定が施行されることにより、税務調査は変わるのでしょうか。

【答】　今般の改正は、税務調査手続の透明性及び納税者の予見可能性を高め、調査に当たって納税者の方の協力を促すことで、より円滑かつ効果的な調査の実施と、申告納税制度の一層の充実・発展に資する等の観点から、調査手続に関する従来の運用上の取扱いを法令上明確化するものであり、基本的には、税務調査が従来と比べて大きく変化することはありません。

　国税庁では、法改正の趣旨を踏まえた上で、調査の実施に当たっては法令に定められた税務調査手続を遵守するとともに、調査はその公益的必要性と納税者の方の私的利益とのバランスを踏まえ、社会通念上相当と認められる範囲内で、納税者の方の理解と協力を得て行うものであることを十分認識し、その適正な遂行に努めることとしています。

　なお、国税通則法改正後の税務調査手続の流れや改正内容については、パンフレット「税務手続について（国税通則法等の改正）」をご覧ください。

【参考】国税通則法改正の概要
（1）　税務調査手続の明確化

　税務調査手続について、以下のとおり、現行の運用上の取扱いが法令上明確化されました。

　　①　税務調査に先立ち、課税庁が原則として事前通知を行うこととされました。ただし、課税の公平確保の観点から、一定の場合には事前通知を行わないこととされました。

②　課税庁の説明責任を強化する観点から、調査終了時の手続が整備されました。

③　納税者から提出された物件の預かりの手続のほか、課税庁が帳簿書類その他の物件の「提示」「提出」を求めることができることが法令上明確化されました。

〔平成25年１月１日以後に新たに納税者に対して開始する調査について適用されます(ただし、納税者から提出された物件の預かりの手続については、平成25年１月１日以後に提出された帳簿書類その他の物件から適用)。〕

（２）　更正の請求期間の延長等

納税者が申告税額の減額を求めることができる「更正の請求」の期間（改正前：原則１年）が５年に延長されました。

併せて、課税庁による増額更正の期間（改正前：原則３年）が５年に延長されました。

〔平成23年12月２日以後に法定申告期限が到来する年（度）分について適用されます。〕

（３）　処分の理由附記等

全ての処分（申請に対する拒否処分及び不利益処分）について理由附記を実施することとされました。

〔平成25年１月１日以後に行う処分から実施します。〕

ただし、現在記帳・帳簿等保存義務が課されていない個人の白色申告者に対する理由附記については、記帳・帳簿等保存義務の拡大と併せて実施することとされました。

〔平成26年１月１日以後に行う処分から実施します。〕

問２　税務署の担当者から電話で申告書の内容に問題がないか確認して、必要ならば修正申告書を提出するよう連絡を受けましたが、これは調査なのでしょうか。

【答】　調査は、特定の納税者の方の課税標準等又は税額等を認定する目的で、質問検査等を行い申告内容を確認するものですが、税務当局では、税務調査の他に、行政指導の一環として、例えば、提出された申告書に計算誤り、転記誤り、記載漏れ及び法令の適用誤り等の誤りがあるのではないかと思われる場合に、納税者の方に対して自発的な見直しを要請した上で、必要に応じて修正申告書の自発的な提出を要請する場合があります。このような行政指導に基づき、納税者の方が自主的に修正申告書を提出された場合には、延滞税は納付していただく場合がありますが、過少申告加算税は賦課されません（当初申告が期限後申告の場合は、無申告加算税が原則5％賦課されます。）。

　なお、税務署の担当者は、納税者の方に調査又は行政指導を行う際には、具体的な手続に入る前に、いずれに当たるのかを納税者の方に明示することとしています。

2．質問検査権・留置き（預かり）に関する事項

> 問3　正当な理由がないのに帳簿書類等の提示・提出の求めに応じなければ罰則が科されるということですが、そうなると事実上は強制的に提示・提出が求められることにならないでしょうか。

【答】　帳簿書類等の提示・提出をお願いしたことに対し、正当な理由がないのに提示・提出を拒んだり、虚偽の記載をした帳簿書類等を提示・提出した場合には、罰則（1年以下の懲役又は50万円以下の罰金）が科されることがありますが、税務当局としては、罰則があることをもって強権的に権限を行使することは考えておらず、帳簿書類等の提示・提出をお願いする際には、提示・提出が必要とされる趣旨を説明し、納税者の方の理解と協力の下、その承諾を得て行うこととしています。

> 問4　提出される物件が、調査の過程で調査担当者に提出するために新たに作成された写しである場合には、留置きには当たらないとのことですが、自己の事業の用に供するために調査前から所有している物件が写しである場合（取引書類の写しなど）であっても、留置きには当たらないのでしょうか。

【答】　調査の過程で調査担当者に提出するために新たに作成した帳簿書類等の写し（コピー）の提出を受けても留置きには当たらないこととしているのは、通常、そのような写し（コピー）は返還を予定しないものであるためです。他方、納税者の方が事業の用に供するために保有している帳簿書類等の写し（コピー）をお預かりする場合は、返還を予定しないものとは言えませんから、留置きの手続によりお預かりすることとなります。

> 問5　提示・提出を求められた帳簿書類等の物件が電磁的記録である場合には、どのような方法で提示・提出すればよいのでしょうか。

【答】　帳簿書類等の物件が電磁的記録である場合には、提示については、その内容をディスプレイの画面上で調査担当者が確認し得る状態にしてお示しいただくこととなります。

　一方、提出については、通常は、電磁的記録を調査担当者が確認し得る状態でプリントアウトしたものをお渡しいただくこととなります。また、電磁的記録そのものを提出いただく必要がある場合には、調査担当者が持参した電磁的記録媒体への記録の保存（コピー）をお願いする場合もありますので、ご協力をお願いします。

(注)　提出いただいた電磁的記録については、調査終了後、確実に廃棄（消去）することとしています。

問6　帳簿書類等の提示・提出の求めに対して、正当な理由なく応じない場合には罰則が科されるとのことですが、どのような場合に正当な理由があるとされるのですか。

【答】　どのような場合が正当な理由に該当するかについては、個々の事案に即して具体的に判断する必要がありますし、最終的には裁判所が判断することとなりますから、確定的なことはお答えできませんが、例えば、提示・提出を求めた帳簿書類等が、災害等により滅失・毀損するなどして、直ちに提示・提出することが物理的に困難であるような場合などがこれに該当するものと考えられます。

問7　法人税の調査の過程で帳簿書類等の提示・提出を求められることがありますが、対象となる帳簿書類等が私物である場合には求めを断ることができますか。

【答】　法令上、調査担当者は、調査について必要があるときは、帳簿書類等の提示・提出を求め、これを検査することができるものとされています。

　この場合に、例えば、法人税の調査において、その法人の代表者名義の個人預金について事業関連性が疑われる場合にその通帳の提示・提出を求めることは、法令上認められた質問検査等の範囲に含まれるものと考えられます。

　調査担当者は、その帳簿書類等の提示・提出が必要とされる趣旨を説明し、ご理解を得られるよう努めることとしていますので、調査へのご協力をお願いします。

問8　調査対象となる納税者の方について、医師、弁護士のように職業上の守秘義務が課されている場合や宗教法人のように個人の信教に関する情

報を保有している場合、業務上の秘密に関する帳簿書類等の提示・提出を拒むことはできますか。

【答】 調査担当者は、調査について必要があると判断した場合には、業務上の秘密に関する帳簿書類等であっても、納税者の方の理解と協力の下、その承諾を得て、そのような帳簿書類等を提示・提出いただく場合があります。

いずれの場合においても、調査のために必要な範囲でお願いしているものであり、法令上認められた質問検査等の範囲に含まれるものです。調査担当者には調査を通じて知った秘密を漏らしてはならない義務が課されていますので、調査へのご協力をお願いします。

問9 X年度の税務調査を行うという事前通知を受けましたが、調査の過程でX年度よりずっと以前の帳簿書類等を提示するよう求められました。これはX年度以外の税務調査を行っていることになりませんか。

【答】 例えば、X年度の減価償却費の計上額が正しいかどうかを確認するため、その資産の取得価額を確認するために取得年度の帳簿書類等を検査する必要があるといった場合のように、調査担当者がX年度の申告内容を確認するために必要があると判断したときには、X年度以外の帳簿書類等の提示等をお願いすることがあります。

これはあくまでもX年度の調査であって、X年度以外の調査を行っているわけではありません。

問10 調査担当者から、提出した帳簿書類等の留置き（預かり）を求められました。その必要性について納得ができなくても、強制的に留め置かれることはあるのですか。

【答】 税務調査において、例えば、納税者の方の事務所等に十分なスペースがない場合や検査の必要がある帳簿書類等が多量なため検査に時間を要する場合のように、調査担当者が帳簿書類等を預かって税務署内で調査を継続した方が、調査を円滑に実施する観点や納税者の方の負担軽減の観点から望ましいと考えられる場合には、帳簿書類等の留置き（預かり）をお願いすることがあります。

　帳簿書類等の留置き（預かり）は、帳簿書類等を留め置く必要性を説明した上、留め置く必要性がなくなるまでの間、帳簿書類等を預かることについて納税者の方の理解と協力の下、その承諾を得て行うものですから、承諾なく強制的に留め置くことはありません。

> 問11　留置き（預かり）に応じた場合でも、申し出れば直ちに返還してもらえますか。
> 　また、返還を求めたにもかかわらず返還されない場合、不服を申し立てられますか。

【答】 法令上、留め置いた帳簿書類等については、留め置く必要がなくなったときは遅滞なく返還すべきこととされています。

　また、帳簿書類等の提出をされた方から、お預かりしている帳簿書類等を業務で使用する必要がある等の理由で返還を求められた場合には、特段の支障がない限り速やかに返還しますが、例えば、留め置いた書類が大量にあり、そのコピーに時間がかかる場合のように、直ちに返還すると調査の適正な遂行に支障がある場合には、しばらく返還をお待ちいただくこともあります。

　なお、返還をお待ちいただく場合には、引き続き留置きをさせていただく旨とその理由をご説明しますが、これに納得できないときは、留置き（預かり）を行っている職員が税務署に所属する職員である場合には、税務署長に異議を申し立てることができます。

3．事前通知に関する事項

> 問12　希望すれば、事前通知を書面で行ってもらうことはできますか。

【答】　実地の調査の事前通知の方法は法令上は規定されておらず、原則として電話により口頭で行うこととしています。また、通知の際には、通知事項が正確に納税者の方に伝わるように丁寧に行うこととしています。

　なお、電話による事前通知が困難と認められる場合は、税務当局の判断で書面によって事前通知を行う場合もありますが、納税者の方からの要望に応じて事前通知内容を記載した書面を交付することはありません。

> 問13　事前通知は、調査の何日くらい前に行われるのですか。

【答】　実地の調査を行う場合の事前通知の時期については、法令に特段の規定はなく、また、個々のケースによって事情も異なりますので、何日程度前に通知するかを一律にお示しすることは困難ですが、調査開始日までに納税者の方が調査を受ける準備等をできるよう、調査までに相当の時間的余裕を置いて行うこととしています。

> 問14　税務代理をお願いしている税理士がいるので、事前通知については、その税理士に行うようお願いしたいのですが、何か手続が必要でしょうか。
> 【平成26年4月一部改訂】

【答】　平成26年7月1日以後に行う事前通知については、納税者の方の事前の同意がある場合には、税務代理権限証書を提出している税理士等（以下「税務代理人」といいます。）に行えば足りることとされました。

　この場合には、税務代理人が税務署に提出する税務代理権限証書に、納税者

の方の同意を記載しておく必要があります。詳細については、ご自身の税務代理人にお尋ねください。

なお、この同意が記載されていない場合には、納税者の方と税務代理人の双方に事前通知を行うこととなります。

> **問15** 事前通知を受けた調査開始日時については、どのような場合に変更してもらえるのですか。

【答】 税務調査の事前通知に際しては、あらかじめ納税者の方や税務代理人の方のご都合をお尋ねすることとしていますので、その時点でご都合が悪い日時が分かっている場合には、お申し出ください。お申し出のあったご都合や申告業務、決算業務等の納税者の方や税務代理人の方の事務の繁閑にも配慮して、調査開始日時を調整することとしています。

また、事前通知後においても、通知した日時について、例えば、一時的な入院、親族の葬儀、業務上やむを得ない事情が生じた場合等には、申し出ていただければ変更を協議します。

なお、例示した場合以外でも、理由が合理的と考えられれば変更を協議しますので、調査担当者までお申し出ください。

> **問16** 事前通知の際には、なぜ実地の調査が必要なのかについても説明してもらえるのですか。

【答】 法令上、調査の目的（例えば、提出された申告書の記載内容を確認するため）については事前通知すべきこととされていますが、実地の調査を行う理由については、法令上事前通知すべき事項とはされていませんので、これを説明することはありません。

問17 事前通知の際には、調査に要する時間や日数、臨場する調査担当者の人数は教えてもらえるのですか。

【答】 調査に要する時間や日数は調査開始後の状況により異なってきますので、事前通知の時点であらかじめお知らせすることは困難であることをご理解願います。

なお、調査の臨場が複数回に及ぶこととなる場合には、調査開始後に納税者の方のご都合をお尋ねしたところで、次回以降の臨場日などを調整いたします。

また、調査開始日時に複数の調査担当者が臨場する場合は、事前通知に際し、調査担当者を代表する者の氏名・所属官署に加え、臨場予定人数も併せて連絡することとしています。

問18 実地の調査が行われる場合には必ず事前通知がなされるのですか。

【答】 実地の調査を行う場合には、原則として、調査の対象となる納税者の方に対して、調査開始前に相当の時間的余裕を置いて、電話等により、実地の調査を行う旨、調査を開始する日時・場所や調査の対象となる税目・課税期間、調査の目的などを通知します。

ただし、法令の規定に従い、申告内容、過去の調査結果、事業内容などから、事前通知をすると、①違法又は不当な行為を容易にし、正確な課税標準等又は税額等の把握を困難にするおそれ、又は、②その他、調査の適正な遂行に支障を及ぼすおそれがあると判断した場合には、事前通知をしないこともあります。

なお、事前通知が行われない場合でも、運用上、調査の対象となる税目・課税期間や調査の目的などについては、臨場後速やかに説明することとしています。

> 問19 事前通知なしに実地の調査が行われた場合、事前通知が行われなかった理由の説明はありますか。また、事前通知をしないことに納得できない場合には不服を申し立てられますか。

【答】 法令上、事前通知を行わないこととした理由を説明することとはされていません。ただし、事前通知が行われない場合でも、運用上、調査の対象となる税目・課税期間や調査の目的などについては、臨場後速やかに説明することとしています。

また、事前通知をしないこと自体は不服申立てを行うことのできる処分には当たりませんから、事前通知が行われなかったことについて納得いただけない場合でも、不服申立てを行うことはできません。

> 問20 実地の調査以外の調査が行われる場合には、調査の対象となる税目・課税期間や調査の目的等についての説明は受けられないのですか。

【答】 税務当局では、実地の調査以外にも、税務署にお越しいただいて申告内容を確認するなどの方法で調査を行う場合があります。このような実地の調査以外の調査を行う場合は、法令上は事前通知は求められていませんが、運用上の対応として、来署等を依頼するための連絡の際などに、調査の対象となる税目・課税期間や調査の目的等を説明することとしています。

> 問21 取引先等に対する調査を実地の調査として行う場合には、事前通知は行われないのですか。

【答】 税務当局では、取引先など納税者の方以外の方に対する調査を実施しなければ、納税者の方の申告内容に関する正確な事実の把握が困難と認められる

場合には、その取引先等に対し、いわゆる反面調査を実施することがあります。

　いわゆる反面調査の場合には、事前通知に関する法令上の規定はありませんが、運用上、原則として、あらかじめその対象者の方へ連絡を行うこととしています。

(注)　一部の間接諸税については、納税者の方以外の方に対する調査の場合でも、原則として事前通知を行うことが法令上規定されています。

4．調査終了の際の手続

> 問22　更正決定等をすべきと認める場合は調査結果の内容が説明されることとなっていますが、その内容を記載した書面をもらうことはできますか。

【答】　調査の結果、更正決定等をすべきと認められる非違がある場合には、納税者の方に対し、更正決定等をすべきと認める額やその理由など非違の内容を説明します。

　法令上は説明の方法は明示されておらず、説明は原則として口頭で行いますが、必要に応じて、非違の項目や金額を整理した資料など参考となるものを示すなどして、納税者の方に正しく理解いただけるよう十分な説明を行うとともに、納税者の方から質問等があった場合には分かりやすい説明に努めます。

　なお、調査が電話等によるもので、非違の内容が書面での説明でも十分にご理解いただけるような簡易なものである場合には、納税者の方にその内容を記載した書面を送付することにより調査結果の内容説明を行うこともありますが、納税者の方からの要望に応じて調査結果の内容を記載した書面を交付することはありません。

> 問23　調査結果の内容説明を受けた後、調査担当者から修正申告を行うよう勧奨されましたが、勧奨には応じなければいけませんか。また、勧奨に

> 応じないために不利な取扱いを受けることはないのでしょうか。

【答】 調査の結果、更正決定等をすべきと認められる非違がある場合には、その内容を説明する際に、原則として、修正申告（又は期限後申告）を勧奨することとしています。これは、申告に問題がある場合には、納税者の方が自ら是正することが今後の適正申告に資することとなり、申告納税制度の趣旨に適うものと考えられるためです。

この修正申告の勧奨に応じるかどうかは、あくまでも納税者の方の任意の判断であり、修正申告の勧奨に応じていただけない場合には、調査結果に基づき更正等の処分を行うこととなりますが、修正申告の勧奨に応じなかったからといって、修正申告に応じた場合と比較して不利な取扱いを受けることは基本的にはありません。

なお、修正申告を行った場合には、更正の請求をすることはできますが、不服申立てをすることはできませんので、こうした点をご理解いただいた上で修正申告を行ってください。

> 問24 調査が終了し、修正申告の勧奨を受けた際に、修正申告をすると不服の申立てはできないが、更正の請求をすることはできる旨の説明を受けました。これはどういう意味ですか。

【答】 不服申立ては、税務当局が行った更正等の処分の課税標準等又は税額等が過大であると納税者の方が考える場合に、税務当局に対し処分の取消しなどを求めるための手段です。一方、更正の請求は、納税者の方が行った申告の課税標準等又は税額等が過大であったと納税者の方が考える場合に、当局に対し、申告した課税標準等又は税額等を減額する更正を行うことを求めるための手段です。

例えば、いったんは調査結果の内容説明に納得して修正申告を行ったものの、

その後にその修正申告に誤りがあると考えられる場合、その修正申告は税務当局の処分によるものではありませんから、不服申立てという手段はとれませんが、一定期間内であれば、更正の請求という手段をとることはできます。

なお、更正の請求に際しては、例えば、正しいと考える税額や更正の請求をする理由など法令で定められた事項を「更正の請求書」に記載するとともに、請求の理由の基礎となる「事実を証明する書類」を併せて提出していただく必要がありますので、ご留意ください。

> **問25** 税務代理をお願いしている税理士がいるので、調査結果の内容の説明等はその税理士に対して行ってほしいのですが、何か手続は必要でしょうか。

【答】 調査結果の内容の説明等は、納税者の方に税務代理人がいる場合でも、原則として、納税者の方に対して行いますが、納税者の方の同意があれば、税務代理人に対してのみ説明等を行うこともあります。

したがって、税務代理人のみへの説明等を希望する場合には、調査担当者に対し、電話又は対面によりその旨をお伝えいただくか、税務代理人を通じて税務代理人への説明を同意する書面を提出していただくことが必要になります。

なお、納税者の方に調査結果の内容の説明を行う場合でも、税務代理人の同席のもとに調査結果の内容の説明を行うことや、別途、税務代理人にも調査結果の内容の説明を行うことも可能です。

5．再調査

> **問26** 実地の調査が終了し、「更正決定等をすべきと認められない」旨を通知する書面を受け取りましたが、今後は調査を受けることはないのでしょうか。

【答】 ある税目・課税期間について調査を行った場合には、調査の結果、更正決定等をすべきと認められなかったか否かにかかわらず、原則として、その税目・課税期間について再度の調査を実施することはありません。

ただし、例えば、調査終了後に行われた取引先の税務調査で、当初の調査の際には把握されていなかった非違があることが明らかになった場合のように、法令上定められている「新たに得られた情報に照らして非違があると認めるとき」との要件に該当する場合は、既に調査の対象となった税目・課税期間であっても再調査を実施することがあります。

> 問27 過去に調査対象となった税目・課税期間について再調査が行われる場合、なぜ再調査が行われるのかについて説明してもらえるのでしょうか。

【答】 過去に調査を行った税目・課税期間であっても、例えば、取引先の税務調査により非違につながる情報を把握した場合には、再度、同じ税目・課税期間について調査を行うことがあります。このような場合には、再調査することにつき原則として事前通知を行いますが、当初の調査の場合と同様、再調査を行う理由については説明することはありません。

6．理由附記

> 問28 国税通則法の改正により処分の理由附記の対象が拡大されたとのことですが、具体的にはこれまでとどのような違いがありますか。

【答】 これまで処分の理由附記は、所得税及び法人税の青色申告者に対する更正処分など一定の処分が対象とされていましたが、今般の国税通則法の改正により、理由附記の対象が、国税に関する法律に基づく申請に対する拒否処分又は不利益処分全体に拡大されました。

したがって、今後は、例えば、白色申告者等に対する更正処分を行う場合(推計による更正の場合を含みます。)にも、理由が附記されることになります。また、加算税の賦課決定については、従来は青色申告者に対する場合でも理由附記の対象とはなっていませんでしたが、今後は白色申告者等に対する場合を含め理由が附記されることとなります。

なお、この理由附記の対象が拡大される時期は、原則として、平成25年1月1日以後に行われる更正処分や加算税の賦課決定処分から対象となりますが、個人の白色申告者等に対しては経過措置があり、個人の白色申告者等のうち、①平成20年から25年までのいずれかの年において記帳義務・記録保存義務があった方等は平成25年1月から、②それ以外の方は平成26年1月から、理由附記を実施することとされています。

(参考) 平成23年度税制改正大綱においては、個人の白色申告者等に対する更正等に係る理由附記について、「平成25年1月以後、現行の白色申告者に係る記帳義務・記録保存義務の水準と同程度の記帳・記録保存を行っている者については、運用上、平成25年1月以後、理由附記を実施するよう努めることとします。」とされているところです。

この「運用上の対応」として、平成20年から25年までのいずれかの年において記帳義務・記録保存義務があった方に加えて、平成25年1月1日以後の現況により、現行の記帳義務・記録保存義務の内容を充足していると認められる方に対する更正等に係る理由附記については、平成25年1月から実施することとします。

> **問29**　「記帳・帳簿等の保存が十分でない白色申告者に対しては、その記帳・帳簿等の保存状況に応じて理由を記載する」(平成23年度税制改正大綱)とありますが、どのように記載されるのですか。

【答】　理由の記載に当たっては、記帳や帳簿等の保存が十分な事業所得者等の

場合には、帳簿等と対比して、具体的な取引内容を明らかにして、根拠を示すことになる一方で、記帳・帳簿等の保存が十分でない白色申告者に対しては、例えば、勘定科目ごとに申告漏れ総額を根拠とともに示すなど、平成23年度税制改正大綱の趣旨等を踏まえ、記帳や帳簿等の保存の程度に応じて、納税者の方がその記載内容から了知し得る程度に理由附記することとしています。

7．その他

> **問30** 調査の過程で、事前通知を受けた税目・課税期間以外にも調査が及ぶこととなった場合には、調査の対象を拡大する旨や理由は説明してもらえるのですか。また、調査の対象が拡大することに対して納得できない場合には、不服を申し立てられますか。

【答】 実地の調査を行う過程で、把握された非違と同様の誤りが事前通知をした調査対象期間より以前にも発生していることが疑われる場合のように、事前通知した事項以外の事項について非違が疑われた場合には、事前通知した事項以外の事項について調査を行うことがあります。

この場合には、納税者の方に対し、調査対象に追加する税目、課税期間等について説明し理解と協力を得た上で行いますが、当初の調査の場合と同様、追加する理由については説明することはありません。

また、調査を行うこと自体は不服申立てを行うことのできる処分には当たりませんから、仮に事前通知事項以外の事項を調査することの必要性についてご納得いただけない場合でも、不服申立てを行うことはできません。

> **問31** 税務代理をお願いしている税理士はいませんが、日頃、記帳事務を手伝ってもらっている方（記帳補助者）がいます。その方に調査の現場に立ち会ってもらうことはできますか。

【答】 調査に立ち会って、税務当局に対して納税者の方の代わりに調査につき主張・陳述を行うことは税務代理行為に当たりますから、原則として、税務代理人しか行うことはできません。

また、単に調査に立ち会うだけであっても、第三者が同席している状態で調査を行うことで調査担当者に課せられている守秘義務に抵触する可能性がある場合には、税務代理人以外の第三者の立会いはお断りしています。

ただし、その方が、日頃、納税者の方の記帳事務等を担当しているような場合には、調査を円滑に進めるために、調査担当者が必要と認めた範囲で調査に同席いただくことはあります。

附録Ⅶ 税務調査手続に関するFAQ（税理士向け）〈平成26年4月改訂〉

> **問1** 平成26年度税制改正において事前通知に関する規定が改正されましたが、その概要を教えてください。【平成26年4月追加】

【答】 平成26年度税制改正において、国税通則法及び税理士法の一部が改正されました。

これにより、①納税者の方に、税務代理権限証書を提出している税理士等（以下「税務代理人」といいます。）がいる場合で、②提出された税務代理権限証書に、納税者の方への事前通知は当該税務代理人に対して行われることについて同意する旨（以下「事前通知に関する同意」といいます。）の記載があるときには、納税者の方への事前通知は、当該税務代理人に対して行えば足りることとされました（以下、この改正による新たな事前通知の方法を「本制度」といいます。）。

今後、税務代理権限証書を作成する際には、納税者の方に「本制度」を説明し、納税者の方から「事前通知に関する同意」が示された場合には、税務代理権限証書にその旨を確実に記載してください。

(注) 1 「本制度」は、平成26年7月1日以後に行う事前通知から適用されます。
2 「事前通知に関する同意」については、法令上、税務代理権限証書に記載することとされています。このため、税務代理権限証書以外の書面や口頭により「事前通知に関する同意」を示しても、有効なものとは認められません。

> **問2** 「本制度」については、平成26年7月1日以後に行われる事前通知から適用することとされていますが、それ以前（例えば、平成26年5月に平成26年3月決算法人の申告書を提出する場合）でも、「事前通知に関する同意」を記載した税務代理権限証書を提出することができますか。【平

成26年4月追加】

【答】 「事前通知に関する同意」を記載した税務代理権限証書（以下「同意を記載した税務代理権限証書」といいます。）については、平成26年6月30日以前であっても提出できます。

したがって、例えば、平成26年3月決算法人の申告の際にも、「同意を記載した税務代理権限証書」を提出することができます。

なお、税理士法施行規則の改正により、税務代理権限証書の様式が改訂されており、税務代理権限証書の提出日によって、使用する税務代理権限証書の様式が異なりますのでご注意ください。

《平成26年7月1日以後に提出する場合》
改訂後の税務代理権限証書を使用してください（改訂前の様式も、当分の間は使用可）。

《平成26年6月30日以前に提出する場合》
改訂前の税務代理権限証書を使用してください。

問3 これまでに提出した所得税（法人税）に関する税務代理権限証書には、「事前通知に関する同意」を記載していませんでしたが、顧客納税者の方から「事前通知に関する同意」が示されたので、次回の申告の際には、「同意を記載した税務代理権限証書」を提出することを予定しています。その際には、これまでに税務代理権限証書を提出した過去の年分等についても、「同意を記載した税務代理権限証書」を再提出する必要がありますか。【平成26年4月追加】

【答】 次回の申告の際に、過去に税務代理権限証書を提出した年分・事業年度等（以下「年分等」といいます。）も含めることを明らかにして、「同意を記載した税務代理権限証書」を提出する場合には、過去の年分等については、「同

意を記載した税務代理権限証書」を再提出する必要はありません。

　なお、このケースでは、次回の申告（「同意を記載した税務代理権限証書」の提出）の前に事前通知を行う場合は、納税者の方と税務代理人の双方がその対象となります。納税者の方から「次回の申告の前であっても、私への事前通知は税務代理人に行ってほしい。」という要望があったときには、直近に申告した年分等について、速やかに「同意を記載した税務代理権限証書」を再提出してください。

　（注）　新たに税務代理を委任されたため、それより前の年分等について税務代理権限証書を提出していなかったケースは、問7を参照してください。

問4　相続税の申告の際に税務代理権限証書を提出しましたが、この税務代理権限証書には「事前通知に関する同意」を記載していませんでした。その後に顧客納税者の方から「事前通知に関する同意」があった場合、「同意を記載した税務代理権限証書」を再提出する必要がありますか。【平成26年4月追加】

【答】　相続税については、翌年分等の申告がありませんので、申告書及び税務代理権限証書を提出した後に、納税者の方から「事前通知に関する同意」が示された場合には、速やかに「同意を記載した税務代理権限証書」を再提出してください。

問5　顧客納税者の方から「事前通知に関する同意」が示された場合、税務代理権限証書にどのように記載すればよいですか。【平成26年4月追加】

【答】　「事前通知に関する同意」については、税務代理権限証書に次のとおり記載してください。

　なお、平成26年7月1日以後に使用する税務代理権限証書には、納税者の方

から「事前通知に関する同意」があった場合にチェックする欄が設けられていますが、平成26年6月30日以前に使用する税務代理権限証書にはこうした欄がありませんので、「事前通知に関する同意」が記載漏れとならないようご注意ください。

≪平成26年7月1日以後に提出する場合≫

改訂後の税務代理権限証書の「調査の通知に関する同意」欄にレ印を記載してください（改訂前の様式も、当分の間は使用可）。

≪平成26年6月30日以前に提出する場合≫

改訂前の税務代理権限証書の「2　その他の事項」欄に、「上記の代理人に税務代理を委任した事項（過年分の税務代理権限証書において委任した事項を含みます。）に関して調査が行われる場合には、私（当法人）への調査の通知は、当該代理人に対して行われることに同意します。」と記載してください。

（注）　一の年分等について複数の税務代理人が税務代理を委任されている場合には、それぞれの税務代理人が提出する税務代理権限証書に「事前通知に関する同意」を記載してください。

問6　税務代理の委任を受けている法人から「事前通知に関する同意」があった場合には、法人税以外の税目についても「同意を記載した税務代理権限証書」を提出する必要がありますか。【平成26年4月追加】

【答】　法人の調査においては、一般的には、法人税、消費税（地方消費税を含みます。以下この問について同じ。）及び源泉所得税（源泉徴収に係る復興特別所得税を含みます。以下この問について同じ。）の調査が同時に行われます。

このため、消費税や源泉所得税についても、納税者の方から「事前通知に関する同意」が示されているのであれば、その旨を記載した税務代理権限証書を提出してください。

なお、個人の事業者等の調査においても、一般的には、所得税（申告に係る

復興特別所得税を含みます。)、消費税及び源泉所得税の調査が同時に行われますので、上記の場合と同様に税務代理権限証書を提出してください。

　(注)　源泉所得税についても税務代理を委任されている場合には、税務代理権限証書の「1　税務代理の対象に関する事項」欄に、「所得税（復興特別所得税を含む。）※源泉徴収に係るもの」を記載する必要があります。

> **問7**　納税者の方から新たに税務代理を委任されましたが、それより前の年分等については、別の税務代理人が「同意を記載した税務代理権限証書」を提出していました。納税者の方への事前通知については、それより前の年分等を含めて私に行っていただきたいのですが、どのような手続が必要ですか。【平成26年4月追加】

【答】　お尋ねのケースでは、納税者の方の意向を確認の上、提出する税務代理権限証書の「過年分に関する税務代理」欄及び「調査の通知に関する同意」欄にレ印を記載してください。

　税務代理権限証書の「過年分に関する税務代理」欄にレ印を記載することで、税務代理を委任されていなかった過去の年分等（前任の税務代理人が税務代理権限証書を提出していた年分等を含みます。）についても、調査が行われる場合の税務代理を委任することができます。

　なお、過去の年分等について税務代理権限証書の提出を失念していた場合にも、同様に記載してください。

　(注)　上記の回答は、平成26年7月1日以後に税務代理権限証書を提出する場合を想定しています。平成26年6月30日以前に税務代理権限証書を提出する場合には、改訂前の税務代理権限証書の「2　その他の事項」欄に、「上記の税目に関して調査がある場合には、上記の年分等より前の年分等についても税務代理を委任します。また、上記の代理人に税務代理を委任した事項（過年分の税務代理権限証書において委任した事項を含みます。）に関して調査が行われる場合には、私（当法人）への調査の通知は、当該代理人に対して行われることに同意します。」と記載してください。

問8　昨年までは、所得税の申告について「同意を記載した税務代理権限証書」を継続して提出していましたが、今年提出した税務代理権限証書には、「事前通知に関する同意」の記載を失念してしまいました。この場合の事前通知は、納税者の方と税務代理人の双方に行われますか。【平成26年4月追加】

【答】　調査時点における直近の年分等の税務代理権限証書に「事前通知に関する同意」が記載されていない場合には、それより前の年分等について「同意を記載した税務代理権限証書」が提出されていたとしても、事前通知は、原則として納税者の方と税務代理人の双方に行うこととなります。

　このため、納税者の方から「事前通知に関する同意」が示された場合には、その後、納税者の方の意思に変更がない限り、「同意を記載した税務代理権限証書」を継続して提出してください。

　なお、提出した税務代理権限証書に「事前通知に関する同意」を記載していなかったことに気付いた場合には、速やかに「同意を記載した税務代理権限証書」を再提出してください。

問9　「同意を記載した税務代理権限証書」を提出した後、顧客納税者の方から「税務代理は引き続きお願いするが、事前通知は自らが受けたい。」という申出がありました。この場合、どのような手続が必要となりますか。【平成26年4月追加】

【答】　「同意を記載した税務代理権限証書」を提出した後に納税者の方の意思に変更があった場合、「事前通知に関する同意」を記載しない税務代理権限証書を再提出することもできますが、調査担当者が税務代理人に事前通知のための連絡をした際に、その旨をお伝えいただいても差し支えありません。

問10 これまでに提出した税務代理権限証書には「事前通知に関する同意」を記載していませんでした。このため、実地の調査があった場合には、顧客納税者の方にも事前通知が行われると思いますが、その際に、顧客納税者の方から事前通知は税務代理人を通じて行ってほしいという要望があった場合には、税務代理人を通じて行ってもらうことは可能ですか。【平成26年4月一部改訂】

【答】 提出された税務代理権限証書に「事前通知に関する同意」が記載されていない場合には、納税者の方にも事前通知を行うこととなりますが、その際に、納税者の方から事前通知事項の詳細は税務代理人を通じて通知しても差し支えない旨の申立てがあったときには、納税者の方には実地の調査を行うことのみを通知し、その他の事前通知事項は税務代理人を通じて通知することとしています。

問11 税務代理人として顧客納税者の方に対し事前通知の内容を伝える際、正確を期するため、事前通知事項の内容を記載した書面を交付してもらうことはできますか。

【答】 実地の調査の事前通知の方法については法令上は規定されておらず、事前通知は原則として電話により口頭で行うこととしているため、要望によって事前通知内容を記載した書面を交付することはありません。
　なお、納税者の方に直接電話による事前通知を行うことが困難と認められる場合は、税務当局から直接納税者の方に事前通知事項の内容を記載した書面を郵送することもありますので、調査担当者にご相談ください。

問12 納税者の方に対し事前通知がなされた後に税務代理の委嘱を受けた

場合、税務代理人として追加的に事前通知を受けられますか。また、その場合でも、税務代理人につき合理的な理由があれば調査開始日時等の変更を求めることができますか。

【答】 税務代理権限証書が提出された時点が、納税者の方に対して事前通知した調査開始日時より前である場合には、新たに税務代理人となった方にも事前通知を行うこととしています。また、新たに税務代理人となった方に関し、調査開始日時等の変更を求める合理的な理由がある場合には、申し出ていただければ、変更を協議します。

問13 印紙税についても、「同意を記載した税務代理権限証書」を提出した場合には、納税者の方への事前通知は税務代理人に対して行われますか。また、調査結果の内容の説明についてはどうですか。【平成26年4月一部改訂】

【答】 税理士法においては、印紙税は税理士業務の対象税目とされていませんので、税理士が、印紙税に関して国税通則法に規定する「税務代理人」に該当することはありません。

したがって、印紙税について「同意を記載した税務代理権限証書」を提出したとしても、印紙税の調査に関する事前通知については、納税者の方に対して行うこととなります。

また、調査結果の内容の説明についても、同様に納税者の方に対して行います。

問14 納税者の方の同意がある場合には、税務代理人は顧客納税者の方の代わりに調査結果の内容説明等を受けられることとなっていますが、税務代理権限証書を提出していれば同意があるとされるのでしょうか。税務代理権限証書に同意がある旨を明記した場合はどうでしょうか。

【答】 調査結果の内容説明等は、納税者の方に税務代理人がいる場合でも、原則として納税者の方ご本人に対して行います。

ただし、当該調査結果の内容の説明を、納税者の方に代わって税務代理人に説明してほしいという納税者の方の明確な意思表示がある場合には、納税者の方に代わって税務代理人に調査結果の内容の説明を行うこととしています。

したがって、調査担当者は、税務代理権限証書が提出されている場合であっても、調査結果の内容説明等を行う前に、納税者の方に直接同意の事実を確認する方法、又は税務代理人を通じて同意の事実を証する書面の提出を求める方法により、納税者の方の同意があることを確認することとしています。また、仮に税務代理権限証書に調査結果の内容説明等について同意する旨が明記されていても、改めて、調査結果の内容説明等を行う時点で同意の有無を確認します。

なお、実地の調査以外の調査の場合には、調査結果の内容説明等の時点で納税者の方の同意を直接確認することが困難なときもありますから、そのようなときには、税務代理人を通じて納税者の方の意向を確認できれば、税務代理人に対して説明を行うこととしています。

> **問15** 一人の納税者の方に複数の税務代理人がいる場合、事前通知は全ての税務代理人に行われるのでしょうか。また、調査結果の内容説明等を税務代理人に行う場合はどうなりますか。

【答】 実地の調査の相手方となる納税者の方に税務代理人が複数ある場合には、納税者の方と併せて、全ての税務代理人に事前通知を行います。

また、調査結果の内容説明等について、国税通則法第74条の11第5項に基づき、納税者の方への説明等に代えて税務代理人に説明等を行う際は、納税者の方の同意を確認する際に、いずれの税務代理人に対して説明等を行うべきかを併せて確認し、指名された税務代理人に対して調査結果の内容説明等を行います。

附録

附録Ⅷ 税務調査手続等に関するFAQ(職員用)(消費税に関する事項のみ抜粋)

【共通】(平成24年11月、国税庁課税総括課)

問1−25 所得税と消費税の同時調査を行う際に、調査対象期間が相違する場合(消費税の課税事業者に該当しない年分が含まれている場合)には、どのように通知すればよいのか。

【答】 所得税と消費税を同時調査する場合において、必ずしも、事前通知を行う調査対象期間が一致していなくとも問題ありません。したがって、それぞれの税目ごとに調査対象期間を通知することとなります。

問1−32 消費税の基準期間の調査のために、調査対象期間以前の「調査の対象となる帳簿書類その他の物件」を検査する必要があるが、どのように通知すればよいのか。

【答】 消費税の調査において、消費税の納税申告書の記載内容を確認するため、当該納税申告書の事業年度を調査対象期間として通知した場合には、通知した事業年度の申告の確認のために、基準期間の帳簿書類等の検査を行うことは事前通知した調査の範囲内であることから、調査対象期間以前に作成又は取得された帳簿書類その他の物件の調査を行う場合であっても、事前通知した事業年度の申告内容の確認のために調査を行うのであれば、「○○年分の○○税が正しいかどうかを確認するために必要な帳簿書類その他の物件」といった包括的な通知を行うことになります(手続通達4−5)。

【法人課税事務関係】（平成24年11月、国税庁法人課税課）

> 問1－4　消費税の還付保留事案について、還付原因となった資産の購入に係る証拠書類の提出を要請する場合、どの事務区分に該当するのか。

【答】　消費税の還付保留事案について、電話又は書面照会により還付原因の解明のために資産の購入に係る証拠書類の提出を要請し処理する場合には、当該証拠書類が法令により添付すべきとされていないため、「署内行政指導」の「資料情報の収集（署内：本人情報の収集）」に該当する。

> 問1－5　消費税の還付保留事案について還付原因の解明のための証拠書類の提出は行政指導に該当し、欠損繰戻還付請求について欠損金額が生じた要因等に係る関係書類の提出は調査に該当するのはなぜか。

【答】　消費税の還付申告及び欠損繰戻還付請求については、いずれも法令上、その還付原因や欠損金額の要因に係る証拠書類の提出義務は課されていないため、どちらも「署内行政指導」の「自発的見直し要請（添付書類提出・申告書補正等の要請）」には該当しない。

消費税の還付保留事案について還付原因の解明のための証拠書類の提出は、還付原因の解明のための自発的な情報提供要請に該当するため、「署内行政指導」の「資料情報の収集（署内：本人情報の収集）」として実施することとなるが、欠損繰戻還付請求について欠損金額の要因解明のための関係書類の提出要請は、法令により「請求の基礎となった欠損金額その他必要な事項について調査し」（法人税法第80条第6項）とされていることから、資料の提出依頼についても調査における質問検査権の行使となるため「署内調査（実地の調査以外の調査）」に該当することとなる。

附録

> **問1-9** 消費税を税抜経理している法人から、消費税についての更正の請求書が提出され、消費税を還付処理した場合に、連動する法人税の増額処理は、どの事務区分に該当するのか。

【答】 質問のケースにおける法人税の処理については、「行政指導」の「自発的見直し要請」として、修正申告書の自発的な提出を要請することとする。

なお、自発的な修正申告書の提出要請に応じない場合には、「署内調査」の「要更正等処理（その他）」に該当することとなる。

> **問2-4** 消費税の還付申告書が提出され、還付保留審査をすることとなったが、還付理由等を確認するために、納税義務者の納税地に臨場する場合、事前通知は必要か。

【答】 還付申告書を提出した納税義務者に対して、還付理由等を確認するため納税義務者の納税地に臨場する場合は、「実地の調査」として行うこととなるため、原則として、法令上の事前通知を行う必要があり、調査の目的についても一般の実地の調査と同様に「申告書の記載内容を確認するため」となる。

> **問2-5** 消費税輸出物品販売場の申請に係る許可前及び許可後に実態確認のために臨場する場合、事前通知は必要か。

【答】 消費税輸出物品販売場の許可申請に対して許可前に行う臨場による申請等調査は、申請等の審査のために行う調査であり、「その他の実地の調査」に該当するため、法令上の事前通知を行う必要がある。

他方、店舗開設時に合わせて販売場の許可を与えた場合など許可後に行う実態確認は、許可事業者への適正な免税手続等に係る指導を目的として実施する

ものであり、「実地の行政指導」の「個別指導（アフターケア）」に該当するため、法令上の事前通知を行う必要はないが、実務上は、行政指導として臨場する旨を事前連絡することとなる。

> **問2－8** 消費税課税期間特例を選択している法人に対して事前通知を行う場合の消費税の調査対象期間は、法人税の調査対象期間と同様でよいのか。

【答】 消費税課税期間特例を選択している法人に対して事前通知を行う場合の消費税の調査対象期間は、法人税の調査対象期間に対応する課税期間のほか、調査開始日現在の直近の課税期間までの期間とする。

> **問2－12** 消費税に着目した重点項目調査を行う場合、法人税や源泉所得税についても事前通知を行うのか。

【答】 消費税に着目した重点項目調査についても、調査対象税目は、原則として法人税・消費税・源泉所得税とするが、例えば、消費税の還付保留事案について還付理由の解明のために重点項目調査を実施する場合には、消費税のみを調査対象税目として事前通知を行っても差し支えない。

【個人課税編】（平成24年11月、国税庁個人課税課）

> **問1－3** 消費税に着目した着眼調査を実施する場合、申告所得税や源泉所得税についても事前通知を行うのか。

【答】 消費税に着目した着眼調査を実施する場合において、その他の税目に関し質問検査等を行う必要がないときは、事前通知の対象税目を消費税のみとし

て差し支えありません。なお、帳簿書類等の調査において申告所得税や源泉所得税の非違が把握されることも十分に考えられますので、事案に応じて十分に事前通知の対象税目を検討する必要があります。

> **問1－6** 消費税課税期間特例を選択している場合の消費税の調査対象期間は、所得税の調査対象期間と同一となるのか。

【答】 消費税課税期間特例を選択している場合の消費税の調査対象期間は、所得税の調査対象期間に対応する課税期間のほか、調査着手日の直近の課税期間までの期間が消費税の調査対象期間となります。

附録Ⅸ 個人事業税の「請負業」について ～事業性の判断基準を明確化しました～

　個人事業税は、個人の方が営む事業のうち、地方税法等で定められた事業（法定業種）に対して課税される都税です。法定業種の一つに「請負業」があり、請負契約等により事業を行っている場合は、「請負業」に該当します。

　事業形態（事業性の有無）については、これまで、所得税確定申告書や照会文書の回答内容等から、一定の判定項目により認定してまいりました。しかし、近年の就労形態の多様化に伴い、請負契約であっても事実上の雇用契約と変わらないケースが見受けられるなど、事業性の認定が困難となっているため、判定項目に優先順位を設け、事業性の判断基準を明確化しました（平成23年分所得から適用）。

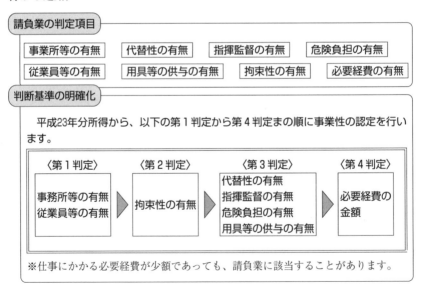

【用語の解説】

拘 束 性	特定の法人又は個人と専属契約を締結していること 相手方から作業時間を指定されるなどの時間的な拘束を受けていること
代 替 性	他人が代替して作業に従事することができること
指 揮 監 督	作業の具体的な内容や方法について、相手方から指揮監督を受けていること
危 険 負 担	事故や災害等の不可抗力により仕事が完成しなかった場合、報酬の支払いを請求できないこと

　事業内容及び事業形態の確認のため所管都税事務所から別紙の「個人の事業内容に関する明細書」（照会文書）を送付させていただくことがあります。
　照会文書へのご協力をよろしくお願いいたします。

お問い合わせは、所管都税事務所の個人事業税係までお願いします。

H23.12

平成　年　月　日

平成　年分　個人の事業内容に関する明細書

東京都　都税事務所長　殿
　　　　支　庁　長　殿

住　所 ＿＿＿＿＿＿＿＿＿＿＿＿＿＿＿＿＿＿＿＿
氏　名 ＿＿＿＿＿＿＿＿＿＿＿＿＿＿＿＿＿＿㊞
ＴＥＬ ＿＿＿＿＿＿＿＿＿＿＿＿＿＿＿＿＿＿＿
開廃業年月日＿＿＿＿＿年＿＿＿月＿＿＿日　（開・廃）

あなたの事業・職業の内容をできる限り詳しくお書きください。書ききれない場合は、適宜別の用紙に記載してください。

＿＿
＿＿
＿＿

以下の各質問項目について、当てはまるものに〇をつけてください。

	質　問	回　答
1	事務所又は事業所（店舗・工場等）を設けていますか。 　① 自宅とは別に設けている。 　② 自宅を事務所としている。 　③ 事務所又は事業所を設けていない。	① ・ ② ・ ③
	→ ①を選択した方は、事務所又は事業所の所在地、電話番号、屋号をお書きください。 　　②を選択した方は、電話番号と屋号をお書きください。 所在地：＿＿＿＿＿＿＿＿＿＿＿＿＿＿＿＿＿＿＿＿＿＿＿＿＿＿＿＿＿＿＿＿＿＿＿＿ 　ＴＥＬ：＿＿＿＿＿＿＿＿＿＿＿＿＿＿＿＿　屋号：＿＿＿＿＿＿＿＿＿＿＿＿＿＿	
2	1で②、③を選択した方にお伺いします。 自宅に仕事専用の機械設備又は事務設備を設けていますか（自己所有でないものを含む）。	はい ・ いいえ
	→ 【はい】の場合は、具体的な設備をお書きください。 〔　　　　　　　　　　　　　　　　　　　　　　　　　　　　　　　〕	

裏面に続きます。

3	事業の広告・宣伝を行っていますか。	はい ・ いいえ
	→ 【はい】の場合は、広告媒体に〇をつけ、カッコ内をお書きください。 　ア　看板を設置している。（場所：　　　　　　　　　　） 　イ　HPを作成している。（URL：　　　　　　　　　　） 　ウ　その他（　　　　　　　　　　　　　　　　　　　）	
4	特定の会社等と専属契約を結ばず、一般客の求めに応じて仕事をしていますか。	はい ・ いいえ
	→ 【いいえ】の場合は、以下の項目にご回答ください。 ① 専属会社等の名称、電話番号、所在地をお書きください。　※ 契約書の写しを添付してください。 　　専属会社等の名称：　　　　　　　　　　　TEL：　　　　　　　　　　 　　所在地：　　　　　　　　　　　　　　　　　　　　　　　　　　　 ② 上記の専属会社等と契約を結んでいる間も、他の会社等から仕事の依頼を受けることはできますか。 　（　はい　・　いいえ　）	
5	毎日の作業時間は依頼主等から指定されていますか。 （作業時間が決まっていても、仕事が終われば自らの判断で帰宅できる場合、「いいえ」を選択してください）。	はい ・ いいえ
	→ 【はい】の場合は、作業時間をお書きください。 　　作業時間：　　　　時　　　　分　～　　　　時　　　　分	
6	報酬は出来高制ではなく、時間給、日給または月給で支払われますか。	はい ・ いいえ
7	急病等により作業に従事できない場合に他の作業員を手配すること、または仕事を外注や下請けに出すことはできますか。 　① 自己の責任において他の作業員を手配することができる。 　② 仕事を外注や下請けに出すことができる。 　③ 自ら他の作業員を手配できず、仕事を外注や下請けに出すこともできない。	① ・ ② ・ ③
8	仕事を行うにつき、作業の具体的な内容・方法（手順）について、依頼主等から指揮監督を受けていますか。	はい ・ いいえ
9	事故や災害等の不可抗力により、仕事が完成しなかった（遂行できなかった）場合でも、依頼主等に報酬の支払を請求できますか。	はい ・ いいえ
10	仕事に使用する用具等（軽微なものを除く）は、自己の所有するものですか。 　① 自己所有のものである。 　② 自己の所有ではなく、依頼主等から供与されている。 　③ 業務の性質上、用具等を使用しない。	① ・ ② ・ ③

質問の内容は以上となります。ご協力ありがとうございました。上記の回答内容と確定申告書等を検討の上、個人事業税の課税の可否を判断させていただきます。
なお、必要に応じて再度、内容を確認させていただく場合があります。

| 附録Ⅹ | 大工、左官、とび職等の受ける報酬に係る所得税の取扱いに関する留意点について（情報） |

個人課税課情報	第9号		国税庁
法人課税課情報	第5号	平成21年12月17日	個人課税課
（源泉所得税関係）			法人課税課
消費税室情報	第3号		消費税室

大工、左官、とび職等の受ける報酬に係る所得税の取扱いに関する留意点について（情報）

　大工、左官、とび職等の受ける報酬に係る所得税の取扱いについては、平成21年12月17日付課個5－5「大工、左官、とび職等の受ける報酬に係る所得税の取扱いについて」（法令解釈通達）を定めたことから、その留意点を質疑応答形式により別冊のとおり取りまとめたので、執務の参考とされたい。

<省略用語例>

　この情報において使用した次の省略用語は、それぞれ次に掲げる法令等を示す。

・所法………所得税法

・消法………消費税法

・本通達……平成21年12月17日付課個5－5「大工、左官、とび職等の受ける報酬に係る所得税の取扱いについて」（法令解釈通達）

※　各法令等は、平成21年12月17日現在による。

別冊

《目次》

問1　大工、左官、とび職等の受ける報酬に係る所得税の取扱い

問2　「大工、左官、とび職等」の意義

問3　契約によって所得区分が判定できないときの判定基準

問4　所得区分の判定基準（1）

他人が代替して業務を遂行すること又は役務を提供することが認められる場合

問5　所得区分の判定基準（2）

時間的な拘束（業務の性質上当然に存在する拘束を除く。）を受ける場合

問6　所得区分の判定基準（3）

指揮監督（業務の性質上当然に存在する指揮監督を除く。）を受ける場合

問7　所得区分の判定基準（4）

まだ引渡しを了しない完成品が不可抗力のため滅失するなどした場合において、自らの権利として既に遂行した業務又は提供した役務に係る報酬の支払を請求できる場合

問8　所得区分の判定基準（5）

材料又は用具等（くぎ材等の軽微な材料や電動の手持ち工具程度の用具等を除く。）を報酬の支払者から供与されている場合

問9　総合勘案して所得区分を判定する場合（1）

問10　総合勘案して所得区分を判定する場合（2）

問11　報酬の支払者における所得税の源泉徴収と消費税の仕入税額控除

(大工、左官、とび職等の受ける報酬に係る所得税の取扱い)
問1 所得税の確定申告等に当たり、大工、左官、とび職等が建設、据付け、組立てその他これらに類する作業において、業務を遂行し又は役務を提供したことの対価として支払を受けた報酬に係る所得区分はどのように判定するのでしょうか。

【答】
1 事業所得とは、自己の計算において独立して行われる事業から生ずる所得をいうこととされていますので、例えば、請負契約又はこれに準ずる契約に基づく業務の遂行ないし役務の提供の対価は事業所得に該当し、雇用契約又はこれに準ずる契約に基づく役務の提供の対価は、事業所得に該当せず、給与所得に該当します。
2 したがって、大工、左官、とび職等が、建設、据付け、組立てその他これらに類する作業(以下「建設作業等」という。)において、業務を遂行し又は役務を提供したことの対価として支払を受けた報酬(以下「本件報酬」という。)に係る所得区分は、本件報酬が、請負契約若しくはこれに準ずる契約に基づく対価であるのか、又は雇用契約若しくはこれに準ずる契約に基づく対価であるのかにより判定することになります。
3 なお、雇用契約若しくはこれに準ずる契約に基づく対価として給与所得に該当する場合は、その給与等の支払をする者は、その支払の際に、所得税の源泉徴収を行うことになります。

【参考】
○最判昭和56年4月24日(民集35巻3号672頁)
およそ業務の遂行ないし労務の提供から生ずる所得が所得税法上の事業所得(同法27条1項、同法施行令63条12号)と給与所得(同法28条1項)のいずれに該当するかを判断するにあたっては、租税負担の公平を図るため、所得を事

業所得、給与所得等に分類し、その種類に応じた課税を定めている所得税法の趣旨、目的に照らし、当該業務ないし労務及び所得の態様等を考察しなければならない。したがって、弁護士の顧問料についても、これを一般的抽象的に事業所得又は給与所得のいずれかに分類すべきものではなく、その顧問業務の具体的態様に応じて、その法的性格を判断しなければならないが、その場合、判断の一応の基準として、両者を次のように区別するのが相当である。すなわち、<u>事業所得とは、自己の計算と危険において独立して営まれ、営利性、有償性を有し、かつ反覆継続して遂行する意思と社会的地位とが客観的に認められる業務から生ずる所得をいい、これに対し、給与所得とは雇傭契約又はこれに類する原因に基づき使用者の指揮命令に服して提供した労務の対価として使用者から受ける給付をいう。</u>なお、給与所得については、とりわけ、給与支給者との関係において何らかの空間的、時間的な拘束を受け、継続的ないし断続的に労務又は役務の提供があり、その対価として支給されるものであるかどうかが重視されなければならない。

(「大工、左官、とび職等」の意義)
問2 「大工、左官、とび職等」とは、具体的にどのような者をいうのでしょうか。

【答】 本通達でいう「大工、左官、とび職等」とは、日本標準職業分類(総務省)の「大工」、「左官」、「とび職」、「石工」、「板金作業者」、「屋根ふき作業者」、「塗装作業者」、「植木職、造園師」、「畳職」に分類する者その他これらに類する者をいいます(本通達1)。

【参考】
○日本標準職業分類(平成9年12月改定)(総務省)(抜粋)
大分類G 農林漁業作業者
　中分類43 農業作業者

小分類433　植木職、造園師
　　　　　　植木の植込・手入、造園の造築の仕事に従事するものをいう。
大分類Ⅰ　生産工程・労務作業者
　Ⅰ－1　製造・制作作業者
　　中分類54　土石製品製造作業者
　　　小分類541　石工
　　　　　　石工用機械又は手道具を用いて、石材の切断・表面研磨・像刻み・碑文彫り・石塔・石材・うす（臼）などの加工製作の仕事に従事するものをいう。石積の仕事に従事するものも含まれる。
　　中分類55　金属加工作業者
　　　小分類554　板金作業者
　　　　　　金切はさみ・つち（鎚）・簡単な切断機・曲げロール機などを用いて、金属薄板を切断・曲げ・絞り・成形する仕事、加工された金属薄板を組み合わせ、ハンダ・硬ろう（蝋）・ガス・電気で接着して仕上げる仕事に従事するものをいう。
　　中分類72　その他の製造・製作作業者
　　　小分類723　塗装作業者
　　　　　　塗料の調整・き（素）地作り（パテ拾い・めどめ・さび（錆）落しなど）・下地塗り・水どき・中塗り・上塗り・文字書きなどの仕事に従事するものをいう。はけ塗り・へら塗り・たんぽ塗り・吹付け・刷り込み・転写・まき（蒔）絵は（貼）りの仕事に従事するものも含まれる。
　Ⅰ－3　採掘・建設・労務作業者
　　中分類76　建設躯体工事作業者
　　　小分類762　とび職
　　　　　　くい（杭）打・建方・足場組み・ひき家・家屋の解体・取

り壊し・けた（桁）かけなどの仕事に従事するものをいう。

中分類77　建設作業者（建設躯体工事作業者を除く）

　小分類771　大工

　　　　家屋などの築造・屋内造作などの木工事の仕事に従事するものをいう。

　小分類773　屋根ふき作業者

　　　　かわらふき・スレートかわらふき・土居ふきなどの屋根ふき又はふきかえの仕事に従事するものをいう。

　小分類774　左官

　　　　土・モルタル・プラスタ・漆くい（喰）・人造石等の壁材料を用いて、壁塗りなどの仕事に従事するものをいう。

　小分類775　畳職

　　　　畳の仕立て・はめ込み・畳表の裏返しの仕事に従事するものをいう。

（契約によって所得区分が判定できないときの判定基準）

問3　大工、左官、とび職等が建設、据付け、組立てその他これらに類する作業において業務を遂行し又は役務を提供したことの対価として支払を受けた報酬に係る所得区分が、契約によって判定できないときは、どのように判定するのでしょうか。

【答】

1　大工、左官、とび職等が、建設作業等において支払を受けた本件報酬に係る所得区分は、本件報酬が請負契約若しくはこれに準ずる契約に基づく対価であるのか、又は、雇用契約若しくはこれに準ずる契約に基づく対価であるのかにより判定することになります。

　民法上、「雇用」とは、当事者の一方が相手方に対して労働に従事するこ

とを約し、相手方がこれに対してその報酬を与えることを約するもの、「請負」とは、当事者の一方がある仕事を完成することを約し、相手方がその仕事の結果に対してその報酬を支払うことを約するものとされています。

　業務の遂行又は役務の提供には種々の形態が存するところ、大工、左官、とび職等が、建設作業等において支払を受けた本件報酬に係る所得区分が、契約によって判定できない場合には、例えば、次の事項を総合勘案して判定することになります。

　① 他人が代替して業務を遂行すること又は役務を提供することが認められるかどうか。

　② 報酬の支払者から作業時間を指定される、報酬が時間を単位として計算されるなど時間的な拘束（業務の性質上当然に存在する拘束を除く。）を受けるかどうか。

　③ 作業の具体的な内容や方法について報酬の支払者から指揮監督（業務の性質上当然に存在する指揮監督を除く。）を受けるかどうか。

　④ まだ引渡しを了しない完成品が不可抗力のため滅失するなどした場合において、自らの権利として既に遂行した業務又は提供した役務に係る報酬の支払を請求できるかどうか。

　⑤ 材料又は用具等（くぎ材等の軽微な材料や電動の手持ち工具程度の用具等を除く。以下同じ。）を報酬の支払者から供与されているかどうか。

2　したがって、その個人の業務の遂行又は役務の提供について、例えば他人の代替が許容されること、報酬の支払者から時間的な拘束や指揮監督（業務の性質上当然に存在するものを除きます。）を受けないこと、引渡未了物件が不可抗力のために滅失した場合等に、既に遂行した業務又は提供した役務に係る報酬について請求することができないこと及び役務の提供に係る材料又は用具等を報酬の支払者から供与されていないこと等の事情がある場合には、事業所得と判定することとなります。

【参考】

○民法（抄）

623条　雇用は、当事者の一方が相手方に対して労働に従事することを約し、相手方がこれに対してその報酬を与えることを約することによって、その効力を生ずる。

632条　請負は、当事者の一方がある仕事を完成することを約し、相手方がその仕事の結果に対してその報酬を支払うことを約することによって、その効力を生ずる。

（所得区分の判定基準（１））

問４　次に掲げるような場合は、「他人が代替して業務を遂行すること又は役務を提供することが認められる」場合に該当しますか。

①　急病等により作業に従事できない場合には、本人が他の作業員を手配し、作業に従事しなかった日数に係る本件報酬も本人に支払われる場合（作業に従事した者に対する報酬は、本人が支払う。）

②　急病等により作業に従事できない場合には、報酬の支払者が他の作業員を手配し、作業に従事しなかった日数に係る本件報酬は当該他の作業員に支払われる場合

【答】

1　他人が代替して業務を遂行すること又は役務を提供することが認められることは、当該業務の遂行又は役務の提供の対価として受ける報酬に係る所得が事業所得に該当すると判定するための要素の一つとなります。これに対し、他人が代替して業務を遂行すること又は役務を提供することが認められないことは、当該所得が給与所得に該当すると判定するための要素の一つとなります。

2　事例①の場合は、本人が自己の責任において他の者を手配し、当該他の者

が行った役務提供に係る報酬が本人に支払われるものであり、役務の提供を行った者が誰であるかにかかわらず、支払者から本人に報酬が支払われるものであることから、他人が代替して業務を遂行すること又は役務を提供することが認められています。

　一方、事例②の場合は、支払者の責任において、他の者を手配し、他の者が行った役務提供に係る報酬が支払者から直接当該他の者に支払われるものであり、役務の提供を行った者に対してのみ報酬が支払われています。

3　したがって、事例①の場合は、「他人が代替して業務を遂行すること又は役務を提供することが認められる」場合に該当し、事例②の場合は、「他人が代替して業務を遂行すること又は役務を提供することが認められる」場合に該当しないことになります。

【参考】
○民法（抄）
625条第2項　労働者は、使用者の承諾を得なければ、自己に代わって第三者を労働に従事させることができない。

（所得区分の判定基準（2））
問5　次に掲げるような場合は、「報酬の支払者から作業時間を指定される、報酬が時間を単位として計算されるなど時間的な拘束（業務の性質上当然に存在する拘束を除く、以下同じ。）を受ける」場合に該当しますか。
①　作業時間を午前9時から午後5時までとされている場合
　イ　午後5時までに予定されている作業が終わった場合には予定されている作業以外の作業にも従事する。また、午後5時までに予定されている作業が終わらず午後5時以降も作業に従事した場合には午後5時以降の作業に対する報酬が加算されて支払われる。
　ロ　作業時間の指定は近隣住民に対する騒音の配慮によるものであり、午後5時までに予定されている作業が終わった場合には、午後5時前

に帰宅した場合でも所定の報酬の支払を受けることができる。
② 作業の進行状況等に応じて、その日の作業時間を自らが決定できる場合

【答】
1　報酬の支払者から作業時間を指定される、報酬が時間を単位として計算されるなど時間的な拘束を受けることは、本件報酬に係る所得が給与所得に該当すると判定するための要素の一つになります。
2　事例①のイの場合は、作業の内容にかかわらず、午前9時から午後5時までの間、作業に従事したことに対して報酬が支払われる、すなわち、指定された時間作業に従事したことに基づいて報酬が支払われるものであることから、時間的な拘束を受けるものに該当します。
　一方、事例①のロ及び②の場合には、作業時間に関係なく、作業内容に応じて報酬が支払われるものであることから、時間的な拘束を受けるものではありません。
3　したがって、事例①のイの場合は、「報酬の支払者から作業時間を指定されるなど時間的な拘束を受ける」場合に該当し、事例①のロ及び②の場合は、「報酬の支払者から作業時間を指定されるなど時間的な拘束を受ける」場合に該当しません。
　なお、事例①のロについては、騒音を発生する作業を行う場合に、近隣住民への配慮から作業時間が指定されているものであり、作業実施上の条件であることから、ここにいう時間的な拘束には当たりません。

【参考】
○最判昭和56年4月24日（民集35巻3号672頁）
給与所得とは雇傭契約又はこれに類する原因に基づき使用者の指揮命令に服して提供した労務の対価として使用者から受ける給付をいう。なお、給与所得については、とりわけ、給与支給者との関係において何らかの空間的、時間的

な拘束を受け、継続的ないし断続的に労務又は役務の提供があり、その対価として支給されるものであるかどうかが重視されなければならない。

○平成19年11月16日東京地裁（平成20年4月23日東京高裁、平成20年10月10日最高裁同旨）

　本件各支払先による労務の提供及びこれに対する原告による報酬の支払は、雇用契約又はこれに類する原因に基づき、原告との関係において空間的（各仕事先の指定等）又は時間的（基本的な作業時間が午前8時から午後5時までであること等）な拘束を受けつつ、継続的に労務の提供を受けていたことの対価として支給されていたものと認めるのが相当である。

　したがって、…本件各支払先に対する本件支出金の支払は、所得税法28条1項に規定する給与等に該当するものと認めることができる。

（所得区分の判定基準（3））

問6　次に掲げるような場合は、「作業の具体的な内容や方法について報酬の支払者から指揮監督（業務の性質上当然に存在する指揮監督を除く、以下同じ。）を受ける」場合に該当しますか。

① 現場監督等から、作業の具体的内容・方法等の指示がなされている場合

② 指示書等の交付によって、通常注文者が行う程度の作業の指示がなされている場合

③ 他職種との工程の調整や事故の発生防止のために、作業の方法等の指示がなされている場合

【答】

1　作業の具体的な内容や方法について報酬の支払者から指揮監督を受けることは、本件報酬に係る所得が給与所得に該当すると判定するための要素の一つになります。

2 事例①の場合、報酬の支払者（現場監督等）から具体的内容・方法等の指示を受け、作業に従事するものであることから、指揮監督を受けていると認められます。

　事例②の場合には、具体的な内容や方法は本人に委ねられているものであることから、指揮監督を受けていないと認められます。

　事例③の場合には、他職種との工程の調整や事故の発生防止のために作業の方法等を指示するものであり、業務の性質上当然に存在する指揮監督であることから、本通達にいう報酬の支払者からの指揮監督には当たりません。

3 したがって、事例①の場合は、「作業の具体的な内容や方法について報酬の支払者から指揮監督を受ける」場合に該当し、事例②及び③の場合は、「作業の具体的な内容や方法について報酬の支払者から指揮監督を受ける」場合に該当しません。

【参考】
○昭和56年3月6日京都地裁（昭和57年11月18日大阪高裁同旨）
　給与所得に該当するか否かは、既にみたとおり、労務の提供が使用者の指揮監督に服してなされているか、労務提供における危険と計算は誰が負っているかを基準に判断すべきであり、多種多様な給与所得者について労務提供における処遇上の差異があるからといって、その処遇が充分でない者の所得を給与所得でないとする根拠とはなりえない。

［認定］
　（一）健康保険、失業保険、厚生年金保険の加入資格、職員組合、共済組合等の組合員資格のいずれをも有しない、（二）就業規則が適用されない、（三）専任教員についての賃金規則、退職金規程も適用されない、…（七）夏季、冬季の一時金が支給されないとの勤務形態、処遇にあること…が認められる。

(所得区分の判定基準（４）)
問7　次に掲げるような場合は、「まだ引渡しを了しない完成品が不可抗

力のため滅失するなどした場合において、自らの権利として既に遂行した業務又は提供した役務に係る報酬の支払を請求できる」場合に該当しますか。

① 完成品が、引渡し前に台風により損壊した場合であっても、提供した役務に対する報酬の支払を請求できる場合

② 完成品が、引渡し前に台風により損壊した場合には、提供した役務に対する報酬の支払を請求できない場合

【答】

1　まだ引渡しを了しない完成品が不可抗力のため滅失するなどした場合において、自らの権利として既に遂行した業務又は提供した役務に係る報酬の支払を請求できることは、本件報酬に係る所得が給与所得に該当すると判定するための要素の一つになります。

2　事例①及び②の場合は、いずれも台風という不可抗力のため、完成品が損壊したものですが、事例①の場合には報酬の支払が請求でき、事例②の場合には請求できないことから、事例①の場合は、「まだ引渡しを了しない完成品が不可抗力のため滅失するなどした場合において、自らの権利として既に遂行した業務又は提供した役務に係る報酬の支払を請求できる」場合に該当し、事例②の場合は、「まだ引渡しを了しない完成品が不可抗力のため滅失するなどした場合において、自らの権利として既に遂行した業務又は提供した役務に係る報酬の支払を請求できる」場合に該当しません。

【参考】

○平成19年11月16日東京地裁（平成20年4月23日東京高裁、平成20年10月10日最高裁同旨）

　本件各支払先としては、原告に対し、ある仕事を完成することを約して（民法632条参照）労務に従事していたと認めることはできず（原告は本件各支払先に対し作業時間に従って労務の対価を支払っており、達成すべき仕事量が完

遂されない場合にも、それを減額したりはしていない。)、労働に従事することを約して（同法623条参照）労務に従事する意思があったものと認めるのが相当であり、…本件各支払先に対する本件支出金の支払は、所得税法28条1項に規定する給与等に該当するものと認めることができる。

(所得区分の判定基準（5）)
問8　次に掲げるような場合は、「材料又は用具等（くぎ材等の軽微な材料や電動の手持ち工具程度の用具等を除く、以下同じ。）を報酬の支払者から供与されている」場合に該当しますか。
①　手持ちの大工道具以外は報酬の支払者が所有する用具を使用している場合
②　報酬の支払者が所有する用具を使用せず、本人が所有する据置式の用具を建設作業等に使用している場合

【答】
1　材料又は用具等を報酬の支払者から供与されていることは、本件報酬に係る所得が給与所得に該当すると判定するための要素の一つになります。
2　事例①の場合には、作業に当たり、報酬の支払者が所有する用具を使用していることから、材料・用具等を供与されていると認められます。
　　一方、事例②の場合には、報酬の支払者が所有する用具を使用せず、自己が所有する据置式の用具を使用して作業を行っていることから、材料・用具等を供与されているとは認められません。
3　したがって、事例①の場合は、「材料又は用具等を報酬の支払者から供与されている」場合に該当し、事例②の場合は、「材料又は用具等を報酬の支払者から供与されている」場合に該当しません。
　　なお、事例②については、たとえ本人が手持ち工具程度の用具に該当しない用具を所有している場合であっても、本件報酬に係る建設作業等において

これを使用していないときは、本件報酬に係る所得が事業所得に該当すると判定するための要素とはなりません。

【参考】

○平成19年11月16日東京地裁（平成20年4月23日東京高裁、平成20年10月10日最高裁同旨）

本件各支払先は、原告から指定された各仕事先において原告代表者又はA社の職員である現場代理人の指示に従い、基本的に午前8時から午後5時までの間、電気配線工事等の作業に従事し、（中略）各仕事先で使用する材料を仕入れたことはなかったこと、ペンチ、ナイフ及びドライバー等のほかに本件各支払先において使用する工具及び器具等その他営業用の資産を所持したことはなかったことなどが認められるところ、（中略）総合的に考慮すると、その労務の実態は、いわゆる日給月給で雇用される労働者と変わりがないものと認めることができるから、このような本件各支払先について、自己の計算と危険において独立して電気配線工事業等を営んでいたものと認めることはできない。

（総合勘案して所得区分を判定する場合（1））

問9　次のような場合、左官AがB社から受けた報酬に係る所得区分の判定はどのように行うのでしょうか。

［例］

　契約関係：書面契約はないが、口頭により、マンションの壁塗り等の作業を、1日当たり2万円の報酬で行っている。報酬の支払日は月ごとに決められている。

　代替性の有無：左官Aが自己の判断で補助者を使用することは認められておらず、作業の進ちょくが遅れている場合には、B社が新たに左官Cを手配する。

　　　　　　　左官Cに対する報酬は、B社が支払う。

　拘束性の有無：左官AはB社の指示により午前8時から午後5時まで労

務を提供しており、予定していた作業が午後5時までに終了した場合には、B社の指示により壁塗り以外の作業にも従事することがある。

なお、予定していた作業が午後5時までに終了せず、午後5時以降も作業に従事した場合は、1時間当たり3千円の報酬が加算して支払われる。

指揮監督の有無：左官Aが作業する箇所や順番はB社から毎日指定される。

危険負担の有無：工事途中に天災等で作業後の壁が破損し、再度作業を行うことになった場合であっても、左官Aに対する報酬金額が減額されることはなく、作業日数に応じた報酬が支払われる。

材料等の供与の有無：こての購入に係る費用は左官Aが負担し、モルタルや脚立はB社が供与する。

【答】　左官が壁塗り等の作業において業務を遂行し又は役務を提供したことの対価として支払を受けた報酬の所得区分は、当該報酬が、請負契約若しくはこれに準ずる契約に基づく対価であるのか、又は雇用契約若しくはこれに準ずる契約に基づく対価であるのかにより判定します。

しかしながら、左官AとB社との間に書面契約が存在せず、契約関係が明らかでないため、所得区分については、事実関係を総合勘案して判定することになります。

今回のケースは、①他人が代替して業務を遂行することが認められていないこと、②B社から時間的な拘束を受けること、③作業の具体的な内容や方法についてB社から詳細な指示を受けており指揮監督を受けること、④まだ引渡しを了しない完成品が不可抗力のため滅失し、再度役務を提供する場合において、既に提供した役務に係る報酬の支払を請求できること、⑤手持ち工具を除き、

材料や用具等を負担していないことが認められます。

したがって、左官AがマンションのＡ壁塗り等の作業を行った対価としてＢ社から受けた報酬は、原則として給与所得の収入金額になります。

※ この回答は、事例における事実関係を前提とした一般的なものであり、納税者の方々が行う具体的な取引等に適用する場合においては、個々の事実関係に応じて所得区分を判定する必要があります。

（総合勘案して所得区分を判定する場合（２））

問10 次のような場合、とび職ＤがＥ社から受けた報酬に係る所得区分の判定はどのように行うのでしょうか。

［例］

　契約関係：書面契約はないが、口頭により、ビル木造住宅の建設に係る
　　　　　　足場の組立て作業を行っている。足場の組立作業が全て終了
　　　　　　した後に、所定の報酬が一括して支払われる。

　代替性の有無：とび職Ｄは、自己の判断で補助者を使用することが認め
　　　　　　　　られている。
　　　　　　　　　とび職Ｄが補助者としてとび職Ｆを手配した場合、報
　　　　　　　　酬はすべてとび職Ｄに対して支払われ、とび職Ｆに対す
　　　　　　　　る報酬は、とび職Ｄが支払う。

　拘束の有無：とび職Ｄは、午前８時から午後５時まで労務を提供してい
　　　　　　　るが、作業の進ちょく状況に応じて自己の判断で午後５時
　　　　　　　までに作業を終えたり、午後５時以降も作業を行ったりす
　　　　　　　ることがある。
　　　　　　　　なお、午後５時までに作業を終えた場合や、午後５時以
　　　　　　　降も作業を行った場合であっても、とび職Ｄに対して支払
　　　　　　　われる報酬が減算ないし加算されることはない。

　指揮監督の有無：Ｅ社は仕様書や発注書により基本的な作業を指示し、

>
> 具体的な作業工程やその方法は、とび職Dが状況を見ながら判断して決定する。
>
> 危険負担の有無：作業の途中に組み立てた足場が台風により崩れ、再度作業を行うことになった場合であっても、足場の組立作業が全て終了するまでは報酬が支払われず、また、報酬の額が加算されることはない。
>
> 材料等の供与の有無：ワイヤロープやクレーンなどの材料及び用具はE社が供与している。

【答】　とび職が建設作業等において業務を遂行し又は役務を提供したことの対価として支払を受けた報酬の所得区分は、当該報酬が、請負契約若しくはこれに準ずる契約に基づく対価であるのか、又は雇用契約若しくはこれに準ずる契約に基づく対価であるのかにより判定します。

　しかしながら、とび職DとE社との間に書面契約が存在せず、契約関係が明らかでないため、所得区分については、事実関係を総合勘案して判定することになります。

　今回のケースは、①他人が代替して役務を提供することが認められていること、②E社から時間的な拘束を受けないこと、③具体的な作業工程やその方法についてE社から指揮監督を受けないこと、④作業の途中で不可抗力のため足場が崩れた場合に、既に提供した役務に係る報酬の支払を請求できないといった事実関係が認められるため、とび職Dが、建設作業等を行った対価としてE社から受けた報酬は、原則として事業所得の収入金額になります。

　なお、とび職Dがワイヤロープやクレーンなどの材料及び用具を負担していないことが認められますが、このことだけをもってこの報酬が給与所得に該当するということはできません。

※　この回答は、事例における事実関係を前提とした一般的なものであり、納税者の方々が行う具体的な取引等に適用する場合においては、個々の事実関係に応じて所得区

分を判定する必要があります。

> **（報酬の支払者における所得税の源泉徴収と消費税の仕入税額控除）**
> 問11　個人事業者若しくは法人が、建設作業等に係る業務の遂行又は役務の提供を受けたことの対価として大工等に報酬を支払う場合、①所得税の源泉徴収、②消費税の仕入税額控除はどのように取り扱われますか。

【答】

1　個人事業者若しくは法人が、建設作業等に係る業務の遂行又は役務の提供を受けたことの対価として大工等に報酬を支払う場合における所得税の源泉徴収及び消費税の仕入税額控除については、本通達の判定基準によって給与所得に該当する場合と事業所得に該当する場合とで取扱いが異なることとなります。

2　報酬の支払者における所得税の源泉徴収と消費税の仕入税額控除は、以下のように取り扱うこととなります。

　①　報酬の支払者における所得税の源泉徴収

　　居住者に対し国内において所得税法第28条第1項《給与所得》に規定する給与等の支払をする者は、その支払の際、その給与等について所得税を徴収し、その徴収の日の属する月の翌月10日までに、これを国に納付しなければならないこととされています（所法183①）。

　　したがって、当該報酬が給与所得に該当する場合には給与所得として源泉徴収が必要となり、事業所得に該当する場合には源泉徴収が必要ないこととなります。

　②　報酬の支払者における消費税の仕入税額控除

　　個人事業者及び法人が、国内において行う課税仕入れについては、消費税の仕入税額控除の対象となりますが、所得税法第28条第1項《給与所得》に規定する給与等を対価とする役務の提供を受けることは課税仕入れの範

囲から除かれています(消法2①十二、消法30①一)。

　したがって、当該報酬が給与所得に該当する場合には仕入税額控除の対象となりませんが、事業所得(請負)に該当する場合には仕入税額控除の対象となります。

著者略歴

加地宏行（かじひろゆき）（税理士）

昭和61年　京都産業大学経営学部　卒業後、
国税庁、大阪国税局及び同国税局管内各税務署において法人課税事務に従事
大阪国税局資料調査課、国税庁法人課税課　特命担当チーフ、
大阪国税局法人課税課　審査企画係長
平成16年　退職後、税理士登録
平成20年　桜美会　常任幹事・大阪商業大学　非常勤講師就任
平成21年　行政書士登録
現在　加地宏行税理士・行政書士事務所　所長
大阪市中央区大手町１丁目７番31号 OMM ビル４階
主要著書　これで安心！税務調査／相続税調査の手続と対応

吉村政勝（よしむらまさかつ）（税理士）

昭和50年　立命館大学法学部　卒業後、
大阪国税局及び同国税局管内各税務署に勤務
大阪国税局資産課税課　実務指導専門官、堺税務署副署長、
西税務署長、大阪国税局主任国税訟務官、葛城税務署長を歴任
平成24年　税理士登録
平成26年　登録政治資金監査人・成年後見人　登録
現在　吉村政勝税理士事務所　所長、講演活動で活躍
大阪市西区新町1-7-22　ライオンズビル四ツ橋503号
主要著書　これで安心！税務調査／相続税調査の手続と対応

これで安心！税務調査／消費税調査の手続と対応（法人編）

2015年１月15日　発行

著　者	加地　宏行／吉村　政勝 ⓒ
発行者	小泉　定裕
発行所	株式会社　清文社 東京都千代田区内神田１-６-６（MIFビル） 〒101-0047　電話 03(6273)7946　FAX 03(3518)0299 大阪市北区天神橋２丁目北２-６（大和南森町ビル） 〒530-0041　電話 06(6135)4050　FAX 06(6135)4059 URL http://www.skattsei.co.jp/

印刷：亜細亜印刷㈱

■著作権法により無断複写複製は禁止されています。落丁本・乱丁本はお取り替えします。
■本書の内容に関するお問い合わせは編集部まで FAX(06-6135-4056)でお願いします。
※本書の追録情報等は、当社ホームページ(http://www.skattsei.co.jp/)をご覧ください。

ISBN978-4-433-51964-3